全力で、1ミリ進もう。

勇気がわいてくる70のコトバ

中谷彰宏

Nakatani Akihiro

文芸社文庫

希望をもらう人生から
希望を与える人生に

中谷彰宏

あきひろ

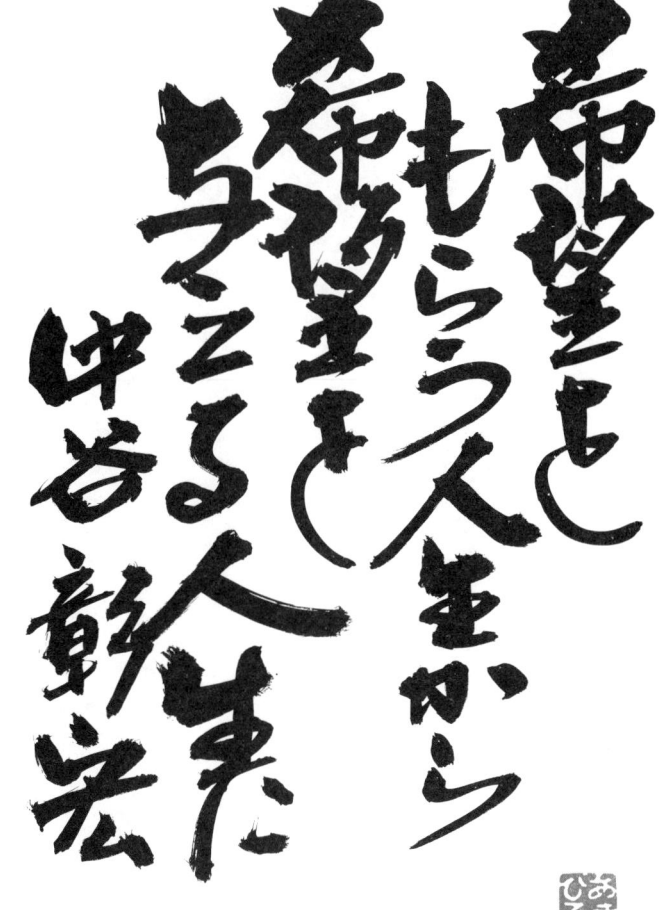

【この本は、３人のために書きました。】

① 勇気を、出したい人。

② 希望を、見つけたい人。

③ 希望と勇気を、大切な人にあげたい人。

プロローグ

1 過去からの積み重ねではなく、未来から逆算した今に生きる。

「今」には2つあります。

どちらを選ぶかということです。

① 過去からの延長線上の「今」にいる人

② 未来から逆算した「今」にいる人

の2通りがいるのです。

過去からの「今」を生きている人は、最終的に、過去からの延長線上の未来へ行こうとします。

これは行き着く先が違うのです。

震災3日前の写真と震災後の写真が載ったパンフレットをもらいました。

これは過去との延長線上の「今」なので、しんどいです。

トンネルは両側から掘っていきます。

青函トンネルも、青森側と函館側から掘っていきます。

ダムなども全部そうです。

最後のところは出口ではありません。

真ん中あたりで、向こう側の手が見えたり、光が見えたり、顔が見えたりします。

ほとんどの人は過去から積み上げた「今」を生きています。

ここで、未来から逆算した「今」を生きられるかどうかです。

震災前の写真と比べると、「こんなにぎわいがあったのに、今はない」というしんどい気持ちだけが残ります。

東北自動車道は地震で壊滅的な割れ方をしたのに、１週間後にはきれいに元どおりになりました。

その高速道路の写真が流れて、世界中で賞賛されています。

常に今から未来への比較をすることが大切なのです。

勇気のコトバ

1

「未来からの逆算」で生きよう。

「未来をどう生きていこう。そのための今日はどうしよう」というのが、未来から来る「今」です。

住んでいる人が「自分の町をこうしていこう。そのために今日はこれをやろう」というと、ここに初めて希望が生まれます。

「あんなのがあったのに、こんなのがあったのに」と、過去からの「今」で現実を引きずっていると、「しんどい」ということしか残らないのです。

過去に執着しない今が、未来の希望を生み出すのです。

 過去からの積み重ねではなく、未来から逆算した今に生きる。

勇気がわいてくる70のコトバ

1 □「未来からの逆算」で生きよう。

2 □ピンチに、物語をつくろう。

3 □大変な時こそ、続けよう。

4 □「電車がとまったら、できること」をやろう。

5 □「モノを持つ」のをやめる。

6 □迷ったら、何かを捨てよう。

7 □電車の中で、走らない。

8 □「モテている人のマネ」をしよう。

9 □「今までの話」をやめよう。

10 □「未来の話」をしよう。

11 □ 年長の人を、ほめよう。
12 □ 昔話を、やめよう。
13 □ 迷ったら、動こう。
14 □ 失敗した時、失望しない。
15 □ 1%に、全力を注ごう。
16 □ 「絶望を上まわる希望」を持とう。
17 □ 希望を、人からもらおうとしない。
18 □ 「未来の話をする人」と会おう。
19 □ 「ごはんが、おいしく感じられること」をしよう。
20 □ 「すぐ、できること」からやろう。
21 □ 映画を見たら、なり切ろう。
22 □ 「さわやかなヘタさ」を目指そう。

23 □ 上手にするより、早くしよう。
24 □ 逆らうより、ゆだねよう。
25 □ 「なくなること」を前提にしよう。
26 □ 「今の中の未来」を感じよう。
27 □ 「いい年をして」と言われることをしよう。
28 □ 「思い出し笑い」をしよう。
29 □ いいことをしたら、怒られる覚悟を持とう。
30 □ 人のために、何かしよう。
31 □ 食べていけなくても、したいことをしよう。
32 □ 「どうすればいいんですか」と聞かない。
33 □ 決まるのを待たずに、決めよう。
34 □ どちらが正しいかを考えない。

35□迷ったら、走る。

36□「向いているかどうか」を考えない。

37□「勉強したくなること」を選ぼう。

38□めんどくさくても、したいことをしよう。

39□「今座っている椅子」を放棄しよう。

40□どこから来たかより、どこ行きかを見よう。

41□「待ち時間が、楽しいこと」をしよう。

42□本番より、練習が面白いことをする。

43□日常に、ドキドキしよう。

44□「いつもと違う電車」に乗ろう。

45□「全部やろう」としない。

46□「好きなこと」をしよう。

47 □ 探すのをやめて、動こう。
48 □ 苦手意識を、捨てよう。
49 □ 過去に、文句を言わない。
50 □ 迷いのある電車を降りよう。
51 □ 効率を、考えない。
52 □ うまくいかなくても、ニコニコできることをしよう。
53 □ 生で、体験しよう。
54 □ 「わからないこと」をやろう。
55 □ お客様よりも、仲間を増やそう。
56 □ 「おいしい」より、おいしく食べよう。
57 □ 「見物」より、「参加」しよう。
58 □ 人の荷物を、持ってあげよう。

59□ 持ち物で、自分を定義しない。

60□ 見えないものを、習おう。

61□ ないモノより、あるモノを見よう。

62□ 人に答えを求めない。

63□ 面白がろう。

64□ ヘトヘトになるまでやろう。

65□ イヤなことは、イヤになろう。

66□ ガマンを忘れることをしよう。

67□ 意識で、ハンデを乗り越えよう。

68□ 体の前に、意識を動かそう。

69□ ガマンしている自分に酔わない。

70□ なりたい自分が、するようにしよう。

第1章 希望を仲間と、つくっていこう。

第2章

自分探しを卒業すると、自分が見つかる。

第3章 ガマンから、解放されよう。

第１章

希望を仲間と、つくっていこう。

2 ピンチに物語が生まれ、物語に立ち会える。

ピンチの時に、物語が生まれます。

震災の時に連絡がつかない人がいました。

ケータイが圏外で、1週間連絡がつかなかったのです。

連絡がつかない時に、連絡をつけよう、つけようとしていると、よけいしんどくなります。

連絡がつかないなら、今やるべき仕事をやっておくほうがいいのです。

気仙沼のNPOネットワークオレンジから「気仙沼に来てください」という話をもらったあとに震災がありました。

「『こんな状態なので、やめます』と言われたらどうしよう。それでも行くよと言ったら、逆に迷惑なのかな」と考えました。

連絡もしばらくつかない状態でした。

「こんな事態なので、延期させてください」と言われると思っていました。

「それでも行きます」と言うのか、「もうちょっと落ちついてからやろう」と言うのか、どっちにしようかなと考えていました。

ところが、あっけらかんと「予定通りやります」と言われて、「エッ、大丈夫なの？」と驚きました。

主宰者のネットワークオレンジの小野寺美厚さんが生き残っているのかどうかも不明だったのです。

震災前に、「ひと言メッセージを下さい」という依頼を受けました。

パソコンで打ったのを送るのは、何か味けないです。

「ＦＡＸで送ってください」と書いてあります。

色紙は流れないので、色紙を送るわけにもいきません。

ＦＡＸの送信票に、筆で書いて送りました。

「街起こしは人起こし。
たった一人のクレージーな情熱から
世界は変わる。」
このＦＡＸが震災で波をかぶりました。
にもかかわらず、流れていなかったのです。
色紙で送っていたら流れていました。
レーザープリンターだったから、たまたまセーフだったのです。
インクジェットだったら消えていました。
講演に行ったら、額に入れて飾ってありました。
震災前に気仙沼に来ていたら、こんな物語は生まれませんでした。
わざわざ水に浸かっているものから探し出してくれて出てきたのです。
物語に立ち会えることが大切なことなのです。
物語は、ピンチに生まれます。
ピンチになったら、「おっ、物語が始まったぞ」とワクワクすればいいのです。

ピンチだけど、物語はないということはありません。
物語に、気づいていないだけなのです。

勇気のコトバ

2

ピンチに、物語をつくろう。

3 地震でも生産を止めない。揺れる中で描くことが物語になる。

いつも通りの中に、物語が生まれる。

「コクリコ坂から」は、宮崎駿さんの息子さんの宮崎吾朗さん監督の映画です。震災のあった3月は、ちょうど制作中でした。アニメーションの映画はこだわってつくりますから、締切との戦いです。東京もどういう余震が来るかわかりません。交通機関やインフラがとまっていました。

鈴木プロデューサーは、制作チームをいったん帰して、状況がわかるまで、とりあえず作業を中断することにしました。

すると宮崎駿さんが「エッ、何してるの。ありえない。みんなを呼び戻して」と言うのです。

宮崎駿さんの顔は、完全に宮崎アニメのキャラになっています。

アニメーションは寝泊りしているぐらいの作業なので、どうせ来る途中も何もないのです。

「ここが壊れたらどうするんですか」

「アニメーターの仕事は描き続けることなんだよ。地震があったからって、自宅待機というのはアニメーターじゃないんだよ」

プロデューサーとしては、一応スタッフの安全を考えています。

宮崎駿さんは、みんなを圧倒するようなしゃべりです。

「僕たちは何をつくっているんだ。僕たちは物語をつくっているんだよ。揺れた中でこの線を描いた。それを物語と言うんだよ。だから、やめちゃダメなんだよ。続けるの。毎日来るんだよ」

宮崎さんは職人気質です。

今の若い人たちは「命をかけるなんて、そんなのできません。うちの宮崎駿監督はムチャを言う」と思います。

宮崎駿さんにあこがれて来ている人たちからでさえも、一歩間違うと、嫌われる発言です。

会社で上司がそんなことを言ったら、「自分の仕事中心主義で、我々の安全を考えてくれない」と思われます。

そこは宮崎駿さんの違うところです。

宮崎さんは、自分でパンを買ってきてスタッフに配りました。

一方で、気をつかっているのです。

「揺れた中でも続けるんだ」と言いながら、差入れでパンを配っているのです。

このバランスが面白いです。

揺れている中でいつもの仕事をやり続けているからこそ、そこで「パンを配る」というかわいらしい行為が生まれます。

自宅待機で様子をうかがっていたら、こういうありがたみやかわいらしさがわからないのです。

ＮＰＯネットワークオレンジの小野寺さんは、震災後、事業所としては一番早く立ち上げました。

コンビニが早く開け始めたり、３時間後にはイオンが店の前で売っていました。

いつも通りのことが一番勇気づけられるのです。

勇気のコトバ

3

大変な時こそ、続けよう。

4 じっとしているより、できることをやろう。

台風が来て電車がとまった時に、駅は人が殺到しています。

入場制限をするので、入れないのです。

私は信越放送のラジオ収録が終わって、ちょうど帰り道でした。

傘をさしていたらよけい危ないので、手に持って歩きます。

何が危ないかといって、飛んでくる傘が一番危ないのです。

道を歩いている人が、おちょこになった傘をいったん戻そうとして、結局はグチャグチャになっています。

私はプロデューサーと一緒に雨の中を歩きました。

最初に行った駅では電車がとまっていました。

営団地下鉄まで行って、とまっていたらまた歩こうと思っていました。

私は、じっとしているのが性格的にダメなのです。

エレベーターを来るのを待つぐらいなら、階段で上がります。

エレベーターと同時に着いたら、ラッキーです。

タクシーでも、詰まっていたら、おりて歩きます。

おりたタクシーと競争をするという喜びがあるのです。

ところが、おりたら進むのがタクシーです。

タクシーに抜かれた時に、運転手さんが「おりなければよかったのに」という目で見ています。

目的地に着いた時にまた抜かれたら、抜いたところで終わりたいので、目的地より先まで行きたくなります。

中谷塾の塾生のさえちゃんは、ヨガを教えています。

自分のインストラクションが終わったあと、電車がとまって帰れなくなりました。

ここでどうするかです。

さえちゃんのヨガ教室も、あとのクラスの先生が来られなくなって、さえちゃんがかわりにすることになりました。

帰れなくなった生徒さんも、駅でしゃがみ込んでいるぐらいなら、ヨガをやったほうがいいのです。

教える側も習っている側もそのほうがハッピーです。

大勢の人が駅で「どうしよう」と待っています。

「電車が動いていないなら、ヨガをやって帰ろう」という生徒さんと、帰れなかったからほかの先生の分を教えている代打の先生がいるのです。

ほぼ1対1です。

この時間はいい時間です。

何かの事態が起こった時に、じっとしているのではなく、「この機会にできることをやろう」と考えたほうがいいのです。

予定している何かが、できなくなる時があります。

そういう時は、なにか他のことをすることができます。

そんなことでもなければ、できなかったのです。

たとえば、あなたが選挙で立候補して、落選したとします。

その場合は、政治家より、もっと他にするべきことがあるという神様のアドバイスなのです。

勇気のコトバ

4

「電車がとまったら、できること」をやろう。

5 モノに執着しない。自分の身は神様からの借物。

執着は、人間の一番しんどいところです。

執着をどうしたら忘れられるかです。

家が流され、家族や仲よしが亡くなりました。

今まであったものがなくなったのです。

生老病死という苦をいかに取り去るかです。

愛情・家族・恋人・お金・家・財産など、すべては自分のモノです。

「このお金はあなたのモノですか」

「これは私のモノです」

「この家はあなたのモノですか」

「これは私のモノです」

「この船はあなたのモノですか」

「これは私のモノです」

ここで「けっこうです」と言っています。

「じゃ、あなたは誰のモノですか」

「自分は自分のモノですよ」

これは違います。

自分は神様から与えられた身ですから、しょせん借物です。

借物が自分のモノと勘違いするところから苦しみは始まるのです。

僕は母親が亡くなった時に、「こんなことをやっておけばよかった。あんなことをやっておけばよかった」という思いはもちろんありました。

一方で、「天国へ返したんだ」という思いもありました。

ＴＳＵＴＡＹＡで借りたＤＶＤを返したようなものです。

すべての命は神様に借りています。

返却日には返さなければなりません。
返さなかったら延滞です。
今までのことはそれでいいのです。
乗りかえることは過去を否定することではありません。

勇気のコトバ

5

「モノを持つ」のをやめる。

6 執着を捨てたら、次のことに進んでいける。

ブッダのエピソードで「いかだの話」があります。

旅人がある町へ行く途中に、川が氾濫して渡れなかった。

仕方がないので、木と草でいかだをつくりました。

2メートル四方のいかだをつくって、川を渡りました。

そのあと、乗ってきたいかだをどうするかです。

自分のモノだったら、「せっかくつくったんだから、これを頭にのせたら運べないかな」と考えます。

これがモノへの執着です。

そんなものを家に持って帰ったら、邪魔です。

モノはないよりあったほうがいいというのは、逆です。

いかだは、川を渡ったら要らないのです。

「せっかくつくったんだから」と思っても、この先に川は1つもないのです。

「雨が降った時用に」とか、なんとかかんとか大義名分をつくろうとします。

ものであふれている家は、いかだが捨てられなくて、家の中に残っているのです。

いかだの話は、ほとんどの人が持っている、モノに対する執着です。

重たいいかだをずっと持ち歩かないで、渡り終えたら、ほかの人に譲るとか捨てるとかすればいいのです。

「自分でつくったから、捨てるのにしのびない」と思うのが、モノへの執着です。

はたから見たら、「なんであの人はあれを持ち歩いているんだろう」と思います。

かえって邪魔になっているのです。

お金ですらも邪魔になります。

すべてのモノは、要る時は要りますが、要らない時は要らないのです。

お金が増えることで、「これをなんとかなくさないようにしたい」と、よけいなことをしてしまいます。
ふだん乗らないのにクルマを買います。
バッテリーが上がらないように時々乗っているだけです。
結局は、年中ＪＡＦの人にバッテリーをチャージしてもらっているのです。
これは本末転倒です。
過去からの「今」も執着です。
成功体験も執着です。
執着を捨てないと、次のことが始められません。
家の中にあるモノは、ほとんどいかだなのです。

勇気のコトバ

6 迷ったら、何かを捨てよう。

7 正しい電車に乗れば、電車の中で走らなくてもいい。

未来から考える人は、「意識」の比率が大きくて、意識の中の一部分が「現実」です。

過去から考える人は、「現実」が大きくて、その中に小さく「意識」があります。

今目の前にある現実に意識が負けて、しんどくなるのです。

「そんなこと言ったって、まだ仮設住宅だ」というのは現実です。

未来に電車を乗りかえて、「自分はこういうふうにする」という未来があったら、意識は現実の影響を受けにくくなります。

いろいろなことが起こった時にも、あたふたしないでいられます。

これが意識の中の一部分に現実を置いているということです。

「現実もわかっているし、意識もある」と言っても、結局はこの2通りに分かれるのです。

たとえば、電車の中で走っている人はおかしいです。

電車の中で走る必要はありません。

電車は「意識」です。

「遅れている」というのが「現実」です。

電車に乗っているのに、「遅れている」と思って走るのです。

正しい電車に乗りかえたら、必死になることは何もありません。

どこ行きかがきちんとわかったら、それでいいのです。

どこ行きなのかわからないのが一番困ります。

それは自分が決めることです。

タクシーの運転手さんにとっては、「とりあえず走ってください」と言われるのが一番迷惑です。

「おりてください」と言われます。

「まっすぐ行ってください」というのも、「まっすぐってどこ?」と困ります。

タクシーの運転手さんは、「〇〇に行ってください」と言われて初めて走れるのです。

コースは「お任せ」と言えますが、行き先は「お任せ」とは言えません。

「早そうなほうでお願いします」「ちょっと急いでいるので、遠まわりになって料金がかかっていいから、早いほうでお願いします」と言うのは、コースのお任せです。

「どちらまで」と言われた時に、「お任せで2000円ぐらい走ってください」と言うのはおかしいです。

「困ります」と言われて、「じゃ、3000円にします」と言ったら、「おりてくださ い」と言われます。

これを言っている人がけっこう多いのです。

2000円で「ちょっと困ります」と言われたから、頑張ってもう1000円出して3000円にするのです。

いくらチップを払っても、目的地を言ってもらわないと頑張りようがありません。

目的が決まったら、電車の中で走らなくていいのです。
「私は、どこに行けばいいですか」と、自分の行き先を人に聞かないことです。
「○○に行くには、どの電車に乗ればいいですか」は、聞いてもかまいません。
行き先は、自分で決めるのです。

勇気のコトバ

7

電車の中で、走らない。

 正しい電車に乗れば、電車の中で走らなくてもいい。

8 モテている人をマネすることで、今やるべきことが決まる。

就職活動で、「私は何に向いているんでしょう」と人に聞く人がよくいます。

これは過去からの延長線上で何かをやろうとしています。

過去の経験から答えが出るのなら、今まで彼女のいなかった人は、未来でもできるわけがないのです。

彼女がいないのは、愛想が悪いとか、ちょっとした気が使えないとか、理由があります。

結婚相談所に来ている人は、お見合いパーティーのあとにカップルでスタバでお茶をしたりします。

これはいい展開です。

ところが、男性が「じゃ、僕はアイスグランデラテ」と言い残して女の子より先に座るのです。

原因はこれです。

それで「出会いがない、ない」と言っているのです。

それは過去からの延長線です。

未来から直すとしたら、モテている人を参考にします。

モテている人が何をしているのかを見ることで、今やるべきことが決まります。

スタバでは勝手に座らないで、女性に席をとっておいてもらって、自分が注文してあげればいいのです。

勇気のコトバ

8

「モテている人のマネ」をしよう。

9 過去からの「今」より、未来からの「今」の話をする。

「今」を議論する時に、
① 前とつながっている「今」の話をしている人
② 未来とつながっている「今」の話をしている人
の2通りに分かれます。

同じ駅でも、今まで乗ってきた駅と、これから目的地へ向かう駅とでは違うのです。

乗りかえることは簡単です。

本人がやるかやらないかです。

過去に執着して捨てられない人は、乗りかえができなくなります。

正しい電車に乗ってしまえばいいのです。
乗りかえたのにしんどい人は、間違った電車に乗っています。
間違った電車に乗ることで、不安になるのです。
「今」の中には2つの側面があります。
① 過去からの「今」を選択している人
② 未来からの「今」を選択している人
の2通りに分かれているのです。
それを隔てているのはふすま1枚です。
居酒屋のふすまくらいの薄さです。

勇気のコトバ

9

「今までの話」をやめよう。

10 今がつらいのは、過去にしがみついているからだ。

電車を乗りかえてもしんどいのは、乗る電車を間違えたからです。
今やっている仕事がしんどいのは、仕事のやり方が間違っているからです。
今やっている仕事がしんどいと、仕事を変えようとします。
変えなければならないのは、仕事ではありません。
別に転職の勧めではないのです。
「仕事のやり方を変えようよ」ということです。
「今日の転職の話、大変参考になりました」と読んではいけないのです。
同じ仕事のやり方をしていたら、いくら仕事を変えてもしんどいのです。
正しい仕事のやり方をしていると、しんどいことはありません。

勇気のコトバ

10

「未来の話」をしよう。

未来につながる仕事のやり方は、必ず面白くなります。
日常会話の中でも、未来の話をするようにします。
ニコニコしている人は、いつも未来の話をしています。
未来の話をしている人は、笑顔で晴れ晴れとしています。
「震災前はこうだったのに」という話をしていると、顔が曇ります。
「私の若いころは」と言っている人に、きれいな人はいないのです。

11 きょうだいは、上の子を叱り、上の子をほめよう。

私には2つ違いの妹がいます。

子どものころ、怒られるのはいつも私でした。

どういういきさつでケンカになったかは、一切聞かれません。

きょうだいがいる人やお子さんがいる人ならわかります。

本当は、なぜここでケンカになったか、事情説明をしたいのです。

妹がわけのわからないことを言って、「これはずるい」ということでグズグズになったのです。

たまたまそれを目撃した母親が「ダメじゃないの」と私を怒ります。

必ず言われるのは、「男でしょう」「お兄ちゃんでしょう」です。

振り返って思い出すと、ほめる時も私をほめていました。

上の子は、怒る時も怒られて、ほめる時もほめられます。

これは大切なことです。

ほめるのは未来です。

上の子は未来です。

だから、2つ違いの妹が「私も早く大人になって、ほめられよう」と頑張るようになるのです。

お子さんが2人以上いる方は、必ず上の子をほめるようにしてください。

つい下の子をかわいがります。

同じことをやっても、「偉いね」と下の子をほめてしまうと、上の子に「年をとるのは不利なことだ」とインプットされるのです。

一番お年を召した男性を優先してサービスをすると、みんなにモテます。

一番若い子に突進すると、「しょせん若い子がいいんだな」と思われるのです。

これも未来をほめるということです。

上の子をほめることで、未来の話をしているのです。

「この人は、昔は、きれいだったんだよ」と言うのは、昔に向かっています。

「昔もきれいだったけど、今のほうが好きだよ」と言うことで、未来に向かえるのです。

勇気のコトバ
11
年長の人を、ほめよう。

12 過去ではなく、未来の話をしよう。

会話には、「過去の話」と「未来の話」の2つしかありません。

私は今、未来の話をしています。

「こんなことがあったけど頑張ろう」とか「大変だったね」という話は、一切していません。

それは過去の延長線上の「今」です。

その時期は過ぎました。

それを言っても仕方ないのです。

母親の姉さんは、小さいのに声が大きいのです。

野田に住んでいるので、「野田のおばちゃん」と呼んでいます。

母親のお焼香の時に、普通は「私もな、すぐ行くで」という挨拶になります。
そこが違います。
野田のおばちゃんは、「私もな、あんたの分まで生きるで」と言いました。
これが「未来に生きている」ということなのです。

勇気のコトバ

12 昔話を、やめよう。

13 行動することで、希望が生まれ、不安が消える。

未来に生きている人は、行動して、いつもどおりに動いています。
過去からの延長線にいる人は立ちどまります。
立ちどまると、不安が生まれます。
動いている人に不安はありません。
何かしていると、不安はなくなるのです。
私の父親は79歳です。
「こんな仕事を頼んだら、めんどくさいだろうな」という仕事を頼むと喜びます。
何かすることがあるのがうれしいのです。
一番しんどいのは、何もすることがないことです。

何かをすることで、希望も生まれるし、不安もなくなります。
じっとしていて不安を消すことはできません。
何かをしていると、不安を忘れます。
失恋して「あの人のことはもう忘れた」と言い続けているのは、忘れていないのです。
恋人にそんなことを言われたら一番イヤです。
「腕枕の最中にそんな話はやめて」と思います。
「前の彼のことは二度と思い出さない」と、ずっと言い続けています。
「気にしてないよ」と言うのは、気にしているということなのです。

勇気のコトバ

13 迷ったら、動こう。

14

失望しなければ、失敗してもいい。

行動すると、もちろん失敗することもあります。

全部がうまくいくとは限りません。

失敗は、トライです。

未来につながっているから、失敗はいいのです。

失敗することで、さらに近づきます。

「これはない」ということがわかるのです。

私は習いごとのノートをつくっています。

「今日はこれをテーマにやってみよう」ということで試してみると、1回目は大体うまくいきます。

「よし、コツをつかんだ」と思って、それを次のレッスンの時にやってみたら、やりすぎてまったくうまくいかないのです。

「これはないということがわかった」とノートに書いてあります。

それも進歩です。

失敗は前進、成功は結果です。

成功は実がなっているということです。

失敗は、いくらしてもいいのです。

やってはいけないことは失望です。

希望を失ってはいけません。

過去からの延長線上にいて、行動することをやめると、「失望」という形だけが残るのです。

勇気のコトバ

14 失敗した時、失望しない。

15 全力で、1ミリ進む。

正しい電車に乗っていれば、特急に乗る必要はありません。
最悪なのは、間違った特急に乗って、えらいところまで行ってしまうことです。
早く行く必要はありません。
未来に進むためには、1ミリ進めばいいのです。
1％でいいのです。
1％の力で1％進むのではありません。
大切なのは、全力で1％進むことです。
だから確実に進んでいけるのです。
正しい電車に乗ったら、ビクビクしなくてもいいし、あせらなくてもいいのです。

そうすれば、淡々と生きていけます。

これが「予定どおりやる」ということです。

アニメを楽しみに待っている観客の人もいます。

公開日に合わせて一生懸命やっている製作会社、映画館の配給会社の人もいます。

それに合わせて頑張ると思えば、何が起ころうが、淡々とできます。

ところが、過去からの現実で、「今こんなことが起こった。大変」ということになると、やるべきことの軸がぐらつきます。

過去からの中に軸はありません。

軸は、未来からの中にしかないのです。

勇気のコトバ 15

1%に、全力を注ごう。

16 人間には、ストレスもあるけど、希望もある。

シマウマは、ライオンに襲われた時に、30秒逃げ切ればＯＫです。

シマウマは30秒以上悩む必要はありません。

しましまの柄なので、みんなが一斉に逃げたら、ライオンは狙っていた獲物の輪郭がわからなくなります。

原理は迷彩服と同じです。

しましまでチラチラするから、どれがどれだかわからなくなるのです。

ライオンは30秒以上は追いかけられません。

ネコ科のピューマやヒョウはスピードがありますが、短距離ランナーなので、それ以上続かないのです。

30秒逃げ切ったあと、シマウマは平気でライオンの横で水を飲んでいます。
さっき追いかけられたことは忘れています。
シマウマには、絶望がないかわりに、希望もありません。
人間はストレスがあるので、しんどいし、絶望もします。
そのかわり、人間は希望を持てるのです。
その日暮らしではありません。
現実がどんな状態でも、希望があると人間は生きていけます。
希望のある「今」と希望のない「今」の2種類があります。
未来は、希望なのです。

勇気のコトバ 16

「絶望を上まわる希望」を持とう。

17 希望は与えられない。自分でつくるもの。

希望を配っているところはありません。
希望をもらうために並ぶ列もありません。
希望は自分でつくるもので、自己申告制です。
「何にしますか」「モテモテでひとつお願いします」というのは、希望です。
勘違いでいいのです。
「失敗」と「失望」は混同しがちです。
どんな失敗をしてもいいのです。
失望しないことです。
希望自体は自分で決めます。

希望は人からもらえないかわりに、人から「あなたにはモテモテはムリです」と言われることもないのです。

そんなことは誰も言い切れません。

何が起こるかわからないのです。

たいしたことのない人がむちゃくちゃカッコいい人とつき合っていたら、一番腹が立ちます。

美人がカッコいい人とつき合っていたら、「まあ仕方がないな」と思います。

普通の人がカッコいい人とつき合っているのです。

町でよく見かけます。

大体カッコいいほうがベタ惚れです。

「すごい美人がなんでこの男と？」というのは悔しいのです。

自分は遠慮して二番手三番手でいるのに、「なんで？」と思います。

そういうことが起こるのです。

何が起こっても不思議ではないのが希望です。

言いたいほうだいでいいのです。

過去からの延長線上で引っ張ってくると、それが言えなくなります。「私には身分不相応」とか「こんなことを言ったら、自分勝手すぎる。みんなからなんて思われるか」と考えなくていいのです。

勇気のコトバ

17

希望を、人からもらおうとしない。

18 未来の話をする人に、人は集まる。

ネットワークは人が集まることです。

むずかしくはありません。

人が集まる場所にするために、いろいろなイベントを計画します。

未来の話、希望の話をした時に、人は集まります。

希望をみんなで共有します。

「そんなの絶対ムリ」ではなく、1人1人の希望を尊重します。

「それだったら、こうしたらいい」というアイデアを出します。

アイデアを出さなくても、「あの人はこんなふうに頑張っているから、自分はこれで頑張ろう」と思えるのです。

共通しているのは「希望」です。

希望を持っている人たちが集まって、そこへまた人々が集まるという流れです。

失望・絶望の話をしていると、そういう人たちが集まります。

そもそも「絶望から抜け出す」という言い方がおかしいのです。

絶望をサカナに酒を飲んでいる人もいます。

「うちの上司はこんなにひどいんだ。おまえのところは？」

「うちの上司はなかなかいい人だ」

「おまえは友達じゃない。わかってくれない」

と言うのです。

「絶望の会」と「希望の会」とに分かれていきます。

好きなほうを選んでいいのです。

すべての人が好き好きで自分の生き方を選んでいるのです。

勇気のコトバ 18

「未来の話をする人」と会おう。

19 唐揚げ弁当で、喜びの踊りが始まるようなことをしよう。

30歳の時に、客演で小劇場の芝居をやりました。

私はその時サラリーマンをしていました。

練習していると、とにかくお弁当が大盛り上がりです。

私はマスコミの世界に入ったのが早かったので、いつも豪華な食事を出してもらっていました。

それから比べると、素朴です。

「今日は唐揚げだ」と、大狂乱です。

「こんなところでこんな予算を使ってしまったら、明日からどうするんですか」と心配しています。

唐揚げということで、祝の祭が始まります。
火を囲んで喜びの踊りが始まるという世界です。
唐揚げでそこまで踊れるのは凄いです。
これはすばらしい生き方です。
唐揚げの喜びの踊りを見た時に、私は客演をさせてもらってよかったと思いました。

今でもその劇場はあります。
そこは夏でも空調が壊れています。
夏のお盆の一番安い時に借りたのです。
楽屋が畳の部屋で、６人ぐらいでいっぱいになります。
出演者は20人ぐらいいます。
着がえは男女別どころの騒ぎではありません。
またぎながら着がえています。
アイドルの出演者がいても、まったく関係ありません。

ギューギューで何も見えないところで空調が壊れているのです。
暑いを通り越して、酸欠状態です。
客席はずっとチラシであおいでいます。
小劇場はギューギューに詰めます。
椅子もありましたが、それでも通路にもあふれています。
みんなあおいでいるので、舞台から見て客席が波打っているのです。
とうとう客席でドタッと倒れたのが見えました。
見た人はそういう演出だと思って、おとなしく見ていたほどの熱気でした。

勇気のコトバ

19

「ごはんが、おいしく感じられること」をしよう。

20 迷ったら、できることからやってみる。

自分の中で動けなくなる状態があります。
動けなくなっているのではなく、AかBかで迷っているだけです。
やるべきことが2つあることはよくあります。
〆切のチェックが2つ来ていました。
気持ちが重いです。
どちらからやろうかということで、一番時間がかかるのです。
コツは簡単なほうからやることです。
残り1個になったら、やってしまおうと思えます。
どちらからやろうと考え始めると、どちらもできないのです。

やることが見つからなくて、動けないのではありません。

未来の希望を見ていれば、やることは見えてきます。

動けなくなるのは、やるべきことが2つあった時に、どちらからやろうと迷っているのです。

簡単なほうからやってみたら、1個はすぐ片づきます。

1時間ぐらいかかりそうだったものが5分ですむことが、けっこう多いのです。

逆のほうが少ないです。

置いておくと、よけい時間がかかりそうに見えます。

それがうずたかく積まれていきます。

片づけてやったら、すぐにすみます。

シーツは大体これです。

「よし、今晩シーツをかえよう」と思います。

ところが、夜は寝転がっているので、「明日にしよう」となります。

明日になったら、また「晩にやろう」ということになるのです。

枕もとにたまっているマグカップも、「明日片づけよう」と思っています。
寝る前に何か飲むから、枕もとはマグカップだらけです。
空のマグカップは、ベッドサイドか電子レンジの中のどちらかです。
電子レンジで何かを温めようと思って入れると、カツンと当たります。
電子レンジの30秒の間にほかのことをやっていると、忘れるのです。
コツは選ばないことです。
どれでもいいから、とにかくやることが大切なのです。

勇気のコトバ

20

「すぐ、できること」からやろう。

21 どうせ執着するなら、未来への執着を持とう。

執着には、「いい執着」と「悪い執着」とがあります。
未来への執着は、いい執着です。
「何がなんでもなってやる」ということです。
過去への執着が、しんどいのです。
映画を見に行くと、ヒーローの気分になって、気持ちが大きくなります。
気分はトム・クルーズです。
「体を鍛えないといけないな」と思います。
アクション映画に、ヒーローが寝ているシーンはありません。
常に走りまわっています。

さっきの画面で銃で撃たれたのに、もう治っています。
それでいいのです。
映画を見ていると、そんな気分になれます。
これが意識です。
なりきりやすい人は、いい人なのです。

勇気のコトバ

21 映画を見たら、なり切ろう。

22
イヤらしい上手い人より、爽やかに下手な人になろう。

カラオケでは、
① さわやかな音痴
② さわやかでない音痴
の2通りがいます。
さわやかな音痴は、なりきっている人です。
ヘタだという認識があるのです。
「ヘタだヘタだ」とウジウジしている人はイヤらしい。
最初から「今日はちょっと風邪ぎみで」と言いわけしています。
「これは苦手」とか「本貸して。あるかな」と言いながら、指はちゃんと挟んであります。

さわやかな音痴は、なりきっているのです。

それでいいのです。

うまいとかヘタとか、できるとかできないとかは、過去からの話です。

何が起こるかわかりません。

神様は突然チャンスをくれます。

サッカーで言う、こぼれ球です。

目の前にボールがコロコロと来た時に、ゴールはがら空きで、あとはポンと当てるだけです。

人生においても、こぼれ球があります。

その時に、過去への執着で「自分がシュートできるわけがない」と思う人は、これをパスしてしまいます。

これが「いい執着」と「悪い執着」の差なのです。

「悪い執着」とは、過去への執着です。

昔、持っていたものへの執着。

昔、努力したことへの執着。

「いい執着」とは、未来への執着。

これから、やりたいことへの執着です。

ゴールキーパーにはじき返されたことを悔しがるのは、「せっかくチャンスだったのに」という過去への執着です。

過去への執着を持つことで、セカンドシュートを、打つチャンスを逃がしてしまうのです。

勇気のコトバ

22 「さわやかなヘタさ」を目指そう。

23

上手に書くより、早く書く。

友達が「本を書くことになりました。締切が大変なんです」と言っていました。
私は「早く書いたほうがいいのができるよ」とアドバイスしました。
これは習字の基本でもあります。
字を筆でうまく書くには、早く書くことです。
丁寧にゆっくり書こうとすると、よけいうまくいきません。
字はつながっているので、勢いが必要です。
「ここでいいカッコしよう」とかは考えないで、スーッと書きます。
昔の巻紙の手紙の字はきれいです。
続けて書いているのではなく、スピードが速いからなのです。

「続け方がわからない」と悩む必要は何もありません。

早く書いたら、自然に続けられるのです。

書く時に大切なのは、上手に書こうとするのではなく、早く書くことです。

ゆっくり書こうとすると、「ここはこういう表現にしなければ」となって、かえってよくないのです。

ケータイは、考えていたら決定になってしまいます。

「えーと」と考えているうちに次に移るのです。

「今まだ考えていたのに」と思います。

文章を考えているうちに決まってしまうのです。

女子高校生はメールを打つのが早いです。

早く書くと、脳で考えているものがちゃんと出てきます。

未来からの「今」は、行動が早くなります。

過去からの「今」は、時間がひたすら遅くなります。

すべてのことはゴールに向かって進みます。

100メートル走は100メートルのゴール、マラソンは42・195キロのゴールに向かって進むのです。

走り高跳びも棒高跳びも、バーの高さに向かって進んでいます。

「何メートル跳べるかな」と思いながら跳ぶ人はいないのです。

過去を引きずっていると、どうしても行動が遅くなります。

ゆっくり書いたらいいものができるかというと、できないのです。

何も考えないで、いいカッコしないで、サラッと書けばいいのです。

勇気のコトバ

23 上手にするより、早くしよう。

24

台風の時には、窓を開ける。

未来に対する比率が強烈に高いと、現実の比率が小さくなります。
未来を見る人は楽天的なのです。
グアム島は台風の通り道です。
台風の大きさがはんぱではありません。
日本で風速36メートルとか45メートルとか言っていますが、ケタが違います。
グアム島では、風で3台ぐらいクルマが重なっています。
ホテルの窓ガラスは全割れです。
タモンベイという、ホテルが集まっているリゾートがあります。
一流どころのホテルが並んでいる海岸です。

オーシャンビューにつくってあります。

オーシャンビューですから、5年に1回、台風で窓ガラスが全部割れます。

私は沖縄のホテルの研修に行っています。

沖縄のホテルは、台風が来たら、窓は全開です。水が中に入ってきたら、それをモップで流し出します。

それが沖縄の台風の対処法です。

そんなことをしたら風がよけい入ると思いますが、風を入れないと窓枠ごと飛んでいくのです。

窓が割れるのではなく、サッシが飛んでいくのです。

これがいろんなところに当たるから危ないのです。

ベランダに置いてあるのは軽い椅子です。

台風が来るのに、不思議です。

片づけやすくするためかなと思いました。

「重い椅子にすると運べないから、運び出しやすいように軽い椅子にしてあるんだな。でも、この軽い椅子は中に入れにくいな」と思って見ていたら、違うのです。

重い椅子でも、上の階の窓へ飛び込んでいきます。

危険なので、飛んでいってもいいように軽い椅子にしているのです。

こんなひどい被害にあったら、普通はホテルをやめるだろうと思います。

「台風被害がないようにつくる」という感覚はありません。

5年に1回はその規模の台風が来るので、地元の人は慣れているのです。

勇気のコトバ

24 逆らうより、ゆだねよう。

25 なくならないようにする努力をやめる。

海外のクルマはボコボコです。
日本人はへこんでいる車はみっともないと感じます。
こんなのは日本だけです。
タヒチのクルマは、へこんでいるところが横ではありません。
ボンネットや屋根です。
ヤシの実が上から落ちてくるからです。
ヤシの実はとりに行かなくていいのです。
野良で自生しているヤシの実が勝手に落ちてきます。
そのヤシの実に当たって、よく亡くなるのです。

「えっ、また?」という感じで、日常茶飯事で起こっています。
「ヤシの実の下を歩いたらダメだよ」と教えています。
南の国ですから、酔っぱらいが道で寝ていても寒さで凍えることはありません。
クルマも1日1回通るか通らないかです。
そのかわりヤシの実に当たって亡くなります。
酔って寝ていてはいけないのです。
タヒチでは家は自分でつくります。
ハリケーンが来てつくりかけでつぶれたら、また一からつくります。
誰も家を欲しいとは思いません。
「家を買う」という発想がないのです。
そういう国もあります。
家を欲しがるのは、日本人のような農耕民族に特有です。
牧畜民族は、家にあまりこだわりがありません。
住所そのものにこだわりがないのです。

草のあるところ、牛が歩むところへどんどん移動していきます。
そもそも持ち物にこだわりがありません。
年がら年中戦争のところは、持っていてもなくなります。
家・クルマ・お金・恋人・若さなど、すべてのモノはなくなるのが当たり前です。
それをなくならないようにしようとするところから、苦しみが生まれます。
そんな努力はしてはいけないのです。
親には年何回会ったら、あと何回会えるんだろうなと思います。
それは最初からわかっています。
死ぬのがイヤだったら、犬は飼えません。
犬の寿命は15年です。
70年も80年も生きている犬はいません。
犬を飼うことは、飼った時点で死別することを覚悟の上なのです。

勇気のコトバ

25 「なくなること」を前提にしよう。

26 「これやな」には、「未来」と「今」に境目がない。

映画を見ると、映画の中に入ってしまって、「これやな」と思います。

そこでのひとり言は「これやな」です。

そこでモチベーションがグッと上がります。

乗り移るのです。

向こうが乗り移りに来るのではなく、自分が勝手に感化されるのです。

ジェームス・スキナーさんに「中谷さんは００７映画の見すぎ」と言われました。

私の基準は「ここでジェームズ・ボンドがこんなにクヨクヨするか」「ジェームズ・ボンドがなんでこんなやねん」です。

ルパン三世が、チマチマ確認したり、グチグチ言ったりはしないのです。

「ナイト&デイ」という映画で、キャメロン・ディアスがワーッと騒いでいます。銃を渡して「これで守るんだよ。敵が来るまであちこち撃っちゃダメだよ」と言ったのに、持った瞬間にババババッと撃ってしまいます。
騒いでいる女性でも大切にしてあげる余裕を、マネしたくなるのです。

勇気のコトバ

26

「今の中の未来」を感じよう。

27 「大きくなったら」は、いくつになっても言える。

私は、28歳の時に、アメリカのロサンゼルスでラジオのインタビュー番組をつくっていました。

「世界でどこが好きですか」という質問には、昔は「ニューヨーク」と答えていました。

ニューヨークがカッコいいと思っていたのです。

暑い中で、ニューヨークの現地の人たちと仕事をしていると、今日は別れた妻の所にいる子どもに会いに行くんだという話をしています。

何か映画のような話です。

意外にニューヨークの人はナーバスです。

カリフォルニアに行くと、「中谷さんは役者もやっているんですか。作家もやっているんですか。ディレクターもやっているんですか。いいですね。僕も大きくなったら中谷さんみたいに、ハリウッドですから、ハリウッドでスターになるのが夢です」と言っているのが50代後半の人です。

50代後半でも「大きくなったら」と言うのです。

「大きい」をすでに過ぎています。

かなりしぼみ始めています。

やっていることが子どもです。

当時、40代でハリウッドでスピルバーグの映画のミニチュア製作をしている人がいました。

「この人は、日本に帰ったらただのオタクだろうな」「41歳にもなって、そんなことをやっているなんて」と思っていました。

今、私は当時のその人より年上になりました。

その人は、ミニチュアカーをつくるために設計図を取り寄せました。

中のエンジンの構造まで全部同じにしたいのです。
ボンネットをあけるわけではないので、中は見えません。
スクリーンで0・何秒映るか映らないかです。
日本人のこだわりはすごいのです。
つくり終えたところで、小さな部品がコロンと中に落ちてしまいました。
外国人は拾えません。
またやり直しになって壊します。
唯一東洋人だけはお箸でとれるのです。
ロサンゼルスの人たちは、こんな年になっても子どもです。
「大きくなったら」と、未来を語ります。
クリエイターはみんなそうです。
子どもの目が輝いているのは「大きくなったら」という夢があるからです。
「大きくなったら何になる」というのは、いくつになっても言っていいのです。
サッカーは苦手と思っていても、それとは関係なくサッカー選手になることもあるのです。
私はルパン三世になろうとしていました。
その意識がいまだに抜けていません。
そこになんら違和感はありません。
アニメと現実の区別が私の中でまったくついていないから、ストンと入るのです。
歴史物語を読むのとルパン三世を読むのは、まったく同じ世界です。
どちらも私の中では現実です。
「これはフィクション、これはノンフィクション」という区別は一つもないのです。

勇気のコトバ

27

「いい年をして」と言われることをしよう。

28 思い出し笑いできることが、宝物だ。

私は「今日はあそこでこうしたほうがよかったな」「あそこでこの話からここへ持っていったほうがよかったかな」「この人にはこういう答えをしたほうがよかったかな」ということをいつも考えています。

その日にやったことを頭の中でもう一回やっているのです。

私は将棋番組が一番好きです。

加藤一二三さんは解説者としては最高ではないかもしれません。

加藤一二三さんは、興奮すると解説を忘れて、自分が指している気分になるのです。

こうなって、こうなって、こうなって、こうなって、こうなって……で、対局が終わってしまいます。
実際は、まだ序盤です。
見ている人は何もわかりません。
私は加藤一二三さんの解説が一番好きです。
何かわからないけど、鬼気迫る何かが見えます。
自分の中に入ってしまっている何かです。
解説としては、まったくわかりません。
本人の中では「ウーン、困った」と言っています。
「先手○○」と読み上げると、その局面に戻す速さがすごいのです。
今動いたとおりに、ピューッと全部巻き戻します。
そういうヘンなことを楽しんでいます。
完全に自己満足の世界です。
妄想して遊んでいるのです。
「あそこでこうやったのを、もっとこうやったほうがよかった」と、ブツブツ言っています。
私のひとり言で多いのは、「ここでこうやったらどうなりますか」です。
料理をつくっている時も言っています。
「誰としゃべっているんですか」と言われます。
しかも丁寧語です。
「これをこうやったら、これはどうなりますか」「こうしたらどうなりますか」と、
ずっとひとり言を言っているのです。

勇気のコトバ

28
「思い出し笑い」をしよう。

29

いいことをすると、怒られる。まず、1人ずつ伝染させよう。

未来思考で生きていると、文句を言われます。
まわりからは文句しか来ません。
これはクレームの話です。
「こんな事態に何を言っているんだ」「夢みたいなことを言わないで、現実を見ろ」
と言われます。
それは2つの現実があるだけです。
それが当たり前です。
いいことをすると、必ず人からは怒られます。
これが真理です。

ほめられようと思ったら、いいことはできません。

人助けになると思ってやったことは、感謝が返ってくるよりは、怒られることのほうが多いのです。

これは大前提です。

それをどうするかは、1人ずつ伝染させていくしかありません。

全員を一気に変えることはできません。

ドミノでパタパタと倒れるのも、実は倒れているのは1個ずつです。

最初の1枚が倒れるのです。

10人のオッチャンが文句を言いに来たら、10人一気に説得することはできません。

まず1人です。

それも一気には変わりません。

「それも一理あるかな」という人が、1人出てくるか出てこないかです。

今日1人、また明日1人と、全力で1ミリずつ進んでいきます。

スタッフが10人いるとしたら、10人のスタッフの中で、たった1人をまず変えていきます。

それが誰なのかはわかりません。
「この人が変わるかな」と思ったら、違う人が急に変わります。
これが面白いところです。
いいことをしている時には必ず怒られます。
ほめられたいと思ったら、いいことはできません。
反対している人を変えるためには、1人ずつ伝染させます。
向こうも伝染で広まったのです。
こちらももっといいことを増やしていきます。
未来思考の人を増やしていくのです。

勇気のコトバ

29 いいことをしたら、怒られる覚悟を持とう。

30 「人のために何かをする」ことで、奇跡が起こる。

すべての人が、奇跡を起こせます。

奇跡は「大きめのたまたま」です。

奇跡を起こすにはコツがあります。

海外で、教会の塔に登っていくというお参りがあります。

ヨーロッパで、片っぱしから塔をまわっていたことがあります。

一緒にツアーしている人に、「もうしんどいからいいわ」と言われました。

下のほうはラクですが、上のほうは思ったよりあるのです。

上からおりてくる人と下から登っていく人がいて、1人しか通れないので、向こうから誰かが来たら戻らなければなりません。

ひざを痛めて具合が悪くなっていた人が塔に登りました。

そうしたら、もっとすごい人が来ました。

車椅子の人が松葉づえをつきながら登ったのです。

少しずつ行かないと登れません。

元気な人でもしんどくなるようなところです。

その人はいよいよ登れなくなりました。

前からは「何やってるんだ。とまるな」と言われ、後ろからは「早く行け」と言われます。

助けてあげたいですが、自分もひざを痛めて、手術をしないといけないような状態です。

自分も必死で、アホなことをしたと思っていました。

「この人を助けてあげたいけど、どうしたらいいか」と思った時に、その人をおんぶして、むちゃくちゃ速いスピードでグワーッと上に登ったのです。

奥さんに「ひざは大丈夫なの」と言われました。

治ったわけではありません。

やっぱりひざは悪いのです。

これは奇跡です。

これは結局、自分のためではありません。

「自分が登ると言わなかったら、ここで迷惑がかからなかったのに、自分のワガママでこんなにしてしまった」と気を使っていました。

それが「この人を助けよう」という思いで、ひざが悪いのに、背負って登っていったのです。

それこそマンガのような話です。

奥さんも本人もびっくりしていました。

その時、その人は悟りました。

奇跡は人のために何かをした時に起こります。

自分のために何かをしている時は、奇跡は起こりません。

くじ引きでも宝くじでもおみくじでも、往々にして「奇跡よ、起これ」と言っている人は自分のためです。
世の中の奇跡は、自分のためではなく、人のために何かをした時に起こっているのです。

勇気のコトバ

30

人のために、何かしよう。

第２章

自分探しを卒業すると、自分が見つかる。

31 「食べていけるか」なんて考えないのが、好きなこと。

「好きなことが見つからない。何をやればいいんでしょう」

「どうやったら好きなことを見つけられるんでしょう」

という相談をよく受けます。

「好きなことをやって生きていきたい」という相談に年齢は関係ありません。

年齢差は、百貨店の屋上くらい分かれています。

若い人からお年寄りまで、すべての人が「好きなことをやって生きていきたい」と言うのです。

私の父親は79歳です。

私と父親は、大体同じ暮らしをしています。

いつも「ありがたい」と言って、好きなことをやっています。
「好きなことを見つけるにはどうしたらいいんですか」
「好きなことをやっていていいんですか」
と言う人には、「好きなことをやったらいいじゃないですか」という話をします。
返ってくる言葉は「それでは食べていけないし」です。
「好きなことをやっていて食べていけますか」と聞かれても、それはわかりません。
「食べていけますか」と聞く人は、食べていけることを探しています。
ブレブレになっています。
好きなことは、食べていけなくてもやりたいことです。
父親は大阪・堺の商売人です。
「就職、どうするの」は、そのあとの話です。
私は、「映画をやろうと思います」と言いました。
大学は早稲田の演劇科でした。
父親は「映画は儲からへんぞ。けど、映画はおもろいな」と言いました。

「食べていけないけど面白い」「食べていけなくてもやりたい」のが好きなことなのです。

「好きなこととは、何でしょう」と言いながら、「食べていけますか」と条件を言い始めているのです。

「好きなこと」とは、条件ではありません。

儲かるから好きになるわけではないのです。

儲かるかどうかが気になるくせに、「好きなこと」を探しているふりをするのがいやらしいのです。

「食べていければ、何でもやる」という人のほうが、爽やかなのです。

勇気のコトバ

31 食べていけなくても、したいことをしよう。

32 どこに行きたいのか決まらないと、電車は決められない。

すべての人が今この瞬間、「今」という駅のプラットホームにいます。

「今」駅には、あなたの乗ってきた電車がとまっています。乗りかえ駅です。

片方のホームには各駅停車のような電車がとまっています。

隣には、区間快速のような電車が来ます。

みんな、あとから来る速い電車に乗りかえるために降ります。

「今」という駅に電車が2つ並んで、あなたは、先に「今」駅に着いた電車に乗っています。

この先どうするかです。

あとから来る電車に乗りかえてもいいし、乗りかえなくてもいいのです。すべての悩みは、こういうことです。

駅員さんや地元の人に「この電車で大丈夫ですか」と聞くのは見当違いです。「私はこの電車に乗りかえて大丈夫でしょうか」と聞かれても、駅員さんは答えようがありません。

駅員さんは「どちらへ行かれますか」と聞きます。「それはまだわからないんですけど」と言っているのと同じことをしているのです。

電車は、どこ行きかが決まらないと、乗りかえができません。

どんなに遠くても、行き先が決まっていればいいのです。

乗りかえの時に、「私は乗りかえたほうがいいですか」と聞いても、それはアドバイスのしようがないのです。

勇気のコトバ

32

「どうすればいいんですか」と聞かない。

33 「どうしたらいい？」では、アドバイスしてもらえない。

「どちらへ行かれるんですか」と聞くと、「たとえば、どういうところがあるんですか」と、聞き返されます。

アドバイスする人が「ディズニーランドは震災のあと、にぎわっていますよ」と言うと、「ああ、ディズニーランドいいですね。でも、京都もいいな」と言うのです。

これでは、目の前の電車に乗ったらいいか悪いのかのアドバイスができません。

どこへ行きたいかが決まらないと、そこから先に話が進まないのです。

旅行は、どこへ行くという目的が決まって初めてできるのです。

「どこへ行きたいかわからない」という時は、旅行代理店にあるパンフレットをとりあえず全部持って帰ってくればいいのです。

「これからはモミジがきれい」「やっぱりミッキーだ」ということで決まります。

家で寝転がっているのは、どこへ行きたいかわからなくて、「決まったら行く」という状態です。

「決まったら」ではないのです。

「決めたら」です。

行きたいところ、好きなことは、勝手には決まらないのです。

「みんなはどこに行きたいの。どこが人気ですか」と聞いていると、軸がブレブレになります。

勇気のコトバ

33 決まるのを待たずに、決めよう。

34 A定食とB定食、「どちらが正しい？」と聞かない。

「みんながどこへ行くのか」「どこが流行っているのか」ということばかり追っている人は、「私がここでこの電車に乗りかえるのは正しいですか」と聞きます。

「私はこの仕事をするのに向いていますか」という相談も、よくあります。

「向いていますか」は、「この仕事を選んだら、私は食べていけますか。成功しますか。失敗しませんか」と言うのと同じです。

「私がこの電車に乗るのは正しいですか」という質問には答えようがないのです。

お昼ごはんを食べに行ったお店に、Ａ定食とＢ定食がありました。

Ａ定食は豚肉のショウガ焼です。

Ｂ定食はサバの塩焼です。

「お決まりですか」と店員さんが来て、「私はA定食とB定食とどちらが正しいですか」と聞くのはヘンです。

「どちらがおいしいですか」とお店の人に聞いている光景もよく見かけます。

関西人は「どっちもおいしい。みんなおいしい」と言います。

「かたい焼きそばとやわらかい焼きそば、どっちがいい」という時は、「うまいほう」と言います。

「なら、こっちゃ」と言って、黙って出すのが関西人のやりとりの基本です。

「A定食とB定食のどっちが正しいですか」という質問がヘンなのと同じで、自分の人生を考えていく時に、やりたいことの選択肢を相手に向けるのはヘンだということに気づいてほしいのです。

これは不思議な質問です。

本人は、まったく不思議だとは思っていません。

常に正しいことを探してまわっているのです。

「お肉とお魚、どちらがお好きですか」と聞かれると、「みんなはどうですか」と聞き返す人がいます。

「うーん、ＥＰＡがあるから、青身魚を食べておくと脳にいいと昨日ＴＶでやっていたけど、豚肉の脂は善玉コレステロールが……」と言い始めて、好きなほうをなかなか言えない人もいます。

「私はどっちが向いているでしょう」と聞いて、選ぶことを人にゆだねていたら前に進みません。

定食屋さんでどっちも食べたかったら、一緒にいる人に「あなたはこれをとって。半分こしようよ」ということができます。

こういう人は、どっちが正しいかは考えていません。

ショウガ焼が食べたくてお店に入って、「さあ、ショウガ焼」と言いかけた瞬間に隣の席の塩焼が目に入って「塩焼」と言ってしまいます。

「ショウガ焼」の「シ」で始まったのに、「シ、ショ、塩焼」になっているのです。

見えたものの勝ちです。

Ａ・Ｂ定食のうち、誰かが食べているものがそのまま注文され続けて、片方が売切れになります。
それでもいいのです。
直感です。
根拠は何もないのです。
根拠は自分の中にしかないのです。
どっちが正しいということはないのです。
食べたいほうを食べればいいのです。
偏っていていいのです。

勇気のコトバ

34

どちらが正しいかを考えない。

35 ディズニーランドに入ってから迷っているヒマはない。

ディズニーランドの門を入ったら、「さあどこへ行こう」と言っている人は、まずいないのです。

ディズニーランドは、入った瞬間、「パパ、早く」です。

パパは「プーさんのハニーハント」や「モンスターズインク」のような新しくできたアトラクションのファストパスを取りに走らされます。

よそのお父さんと競走です。

ふだん走っていない人が、いきなりディズニーランドで走るのです。

「プーさんのハニーハント」は、ゲートから遠いところにあります。

お父さんにとってはマラソンに匹敵する長距離です。

中距離どころではありません。

走ると、抜きつ抜かれつするライバルに気づきます。

最初に飛ばしすぎると、どこかで息切れしてわき腹が痛くなります。

足がつりそうになっても、子どものために取りに行くのです。

取らないとママに怒られます。

ママには、ゲートから近い「モンスターズインク」のパスを取りに行く責務があります。

「私はそっちに行くから、頼むよ」という作戦があるのです。

今日行ったらこうしようという事前の下調べがついているのです。

ゲートに入って「さあ、どこへ行こう」と言う人は、何がなんでもディズニーランドに来たいわけではなかったのです。

勇気のコトバ

35 迷ったら、走る。

36 「ディズニーランドに行きたい」に向いているかなんて考えない。

過去から今行きの電車に乗っている人と、未来行きの電車に乗っている人の違いは、意識です。

能力ではないのです。

「ディズニーランドに行く。行ったらアトラクションは何を見る？」「くまのプーさんが見たい」「モンスターズインクが見たい」と事前に決めます。

ホームページを見て、コツも調べて、地図も準備します。

行くと決めた時から、ディズニーランドへ行く戦いが始まっているのです。

これは楽しい戦いです。

私の好きなディズニーランドのＣＭがあります。

お父さんが歩いていると、近所の人が見て笑うのです。

お父さんは、なんで近所の人が自分を見て笑っているのかわからないでいると、

「来週の日曜日、ディズニーランドに行くんですってね」と言われます。

子どもが、うれしくて友達に「来週、お父さんにディズニーランドに連れていってもらう」と話しているのです。

友達は、自分の親に「○○ちゃんはディズニーランドに連れていってもらうらしい」と親の根まわしに走ります。

近所の人がみんな、その家族がディズニーランドに行くことを知っているのです。

「よかったですね」と口々に声をかけてくれるので、近所ではけっこうなヒーローになっているというCMです。

お父さんは、ディズニーランドに行く前から、ヒーローです。

ゲートをくぐったら走らないといけなくても、ヒーローなのです。

勇気のコトバ

36

「向いているかどうか」を考えない。

37 行こうと思ったら調べたくなる。これを勉強という。

「プーさんのハニーハント」がどこにあるのか調べるのが勉強です。

「何分待ちなら、こうまわろう。パレードは何時からで、アトラクションは何時から」と、その日のことを調べます。

これが勉強です。

英単語や漢字、方程式を覚えることだけが勉強ではないのです。

ディズニーランドに行くことになったら、ディズニーランドは今どうなっていて、何が人気で、どういう時期のイベントをやっているのかを調べます。

「どこのレストランでごはんを食べようか」「お土産は何を買って帰ろうか」と事前に調べるのが、旅行の楽しい作業です。

旅行が好きな人は、たくさんいます。

私の父親世代は旅行をします。

私の父親は、やや放浪癖があるのです。

私が実家の堺から東京へ帰る時に、「関空から帰る」と言うと、「オレもついて行こう」と言いました。

見送りについてくるだけではありません。

あとで「わざわざすみませんでした」と言うと、「関空の店はいろいろ見てまわると面白いね。なかなかオシャレにできている」と言うのです。

「そんなにウロウロして帰ったのですか」と言うと、「うん、帰りにフェリーに乗って淡路島へ寄って帰った」とのことでした。

「どんなついでやねん」とツッコミを入れたくなるくらい旅行好きなのです。

勇気のコトバ

37 「勉強したくなること」を選ぼう。

38 めんどくさくても、好きなことはアミューズメントになる。

父親は写真も好きです。

旅行から帰ると、撮った写真を整理して、ホテルで働く人たちとも一緒に撮った写真を、写っている人全員に配ってまわります。

その作業を、生き生きと、楽しそうにやっているのです。

写真の整理はめんどくさい作業です。

今は、ケータイにカメラがついているので、各自で撮ります。

私が子どもの時は、カメラを持っている人は少ないにもかかわらず、カメラの好きな人がクラスに必ずいました。

遠足に行って撮ってきた写真を写真帳にして、「名前を書いて」と言ってみんなにまわします。

焼き増し希望の人は名前を書いたり、番号に○をつけます。

焼き増しを注文すると、今度は「頼んだ」「頼んでいない」で、数が合いません。

同じ写真が何枚も余ったり、足りないのでもう一回焼き増しするという悲しい作業もあります。

その写真には、カメラを持っている人はほとんど写っていません。

撮る係には、「かわろうか」と言ってくれる人はいないのです。

みんな「撮って撮って」と言います。

旅行は、
① 行くまでに調べる段階
② 行っている当座の段階
③ 行ったあとの段階
が楽しいのです。

あとで写真を見て、おみやげを持っていった先で「こんなのがすごかった」と話します。

TVの旅番組で、「ここは人気スポット」という紹介があると、「パパ、ここに行ったね」「ああ、ここは行った」と再確認できます。

旅番組は「ここ、知ってる」と再確認できるところがいいのです。

旅行は前後が楽しいのです。

これも全部勉強です。

勉強は、マメな作業です。

努力もいります。

やっている本人には、「写真の整理は大変だ」と言われるようなことも喜びです。

勉強と考えるとつらくなることでも、楽しければアミューズメントなのです。

勇気のコトバ

38 めんどくさくても、したいことをしよう。

39 今座っている椅子に、こだわらない。

ディズニーランドに行こうと決めたらディズニーランドを調べます。

「何を勉強したらいいですか」と言う人は、「なかなか休みが取れないし、国内旅行はお金がかかるし」と迷っています。

ホテルに泊まるのも高いし、海外に行くよりも国内旅行のほうが高いくらいだという現実を引っ張るのです。

現実を引っ張れば、乗りかえがなかなかできない理由が挙げられます。

乗りかえは一瞬です。

「乗りかえよう」と思うかどうかです。

乗りかえられない理由は、「やっと座れたから」です。

みんなが降りたから、座れたのです。

何駅か前で座れたとしても、大勢が乗りかえたらまた座れなくなります。

これが「食べていけないのではないか」ということです。

食べていける食べていけないは、儲かるか儲からないかです。

座れるか座れないか、それだけのことです。

今までの電車に乗っていれば座れます。

次に行きたいところに行くには、乗りかえて混んでいる電車で立つことになります。

「えっ、立つんですか」と言うのは、「座れるところでなんとかなりませんか」と言っているようなものです。

このまま乗っていくと、過去からの延長線上にしか行けないことになるのです。

勇気のコトバ
39
「今座っている椅子」を放棄しよう。

40 どこから来た電車か、関係ない。

「この電車はどこ行きですか」は、正しい聞き方です。

「この電車はどこから来たんですか」とは聞きません。

ほとんどの人は、どこから来たかにこだわって生きています。

始発だろうが折返しだろうが、車庫から来ようが、どこかの駅からまわってこようが、電車そのものには関係ないのです。

その電車でどこへ行けるかです。

座れるか座れないかではないのです。

大切なのは、その電車でディズニーランドに行けるかどうかです。

すいているのは、行き先がみんなの行かない面白くないところだからです。

「今の席をなんとか確保したい、あいているならそっちに行く」と言う人は、ディズニーランドには行けません。
座れてどこかに行ける範囲で探していたら、行きたいところには行けないのです。

勇気のコトバ

40 どこから来たかより、どこ行きかを見よう。

41 勉強すると、「ラッキー」と感じられる。

ディズニーランドは、走っていって並びます。

作戦がいるのです。

パレードは昼間もあるし、夜もあります。

「パパ、パレードの間が狙い目よ。みんながパレードを見ているから、あの間に混んでいるアトラクションに行けばいい」と、みんな同じことを考えています。

「あら？　みんなパレードを見ようよ」という状態です。

何回も来ている人や、前にパレードが終わってから行ったら混んでいたという失敗した人が、作戦を切りかえているのです。

前に見たパレードは夜にまわそうという作戦を立ててきた人たちがたくさんいて混

んでいます。

通常「プーさんのハニーハント」で2時間待ちです。

ディズニーランドはよくできています。

長蛇の列になっているところにはミッキーが来ます。

「ここは並んでいる人がたくさんいるから、ミッキー、ちょっと行って励ましてきて」という連絡が必ず入るのです。

ミッキーが来てくれると、待っている間が楽しくなります。

待っている間も楽しいのがディズニーランドです。

「並ばないといけないでしょう」と言う人は、ディズニーランドをあまり好きではないのです。

雨が降った夕方や肌寒い時など、何かの弾みで人気のアトラクションが30分待ちですむことがあります。

これが運のいいことを知っている人は「30分か。ラッキー」と並びます。

2時間並ぶのが当たり前のところが30分待ちなら、並ばないと損です。

楽しめる人は、待っている間も楽しめます。

ディズニーランドで人気のアトラクションは、1日いても3つか4つしか見られません。

2つ見られれば御の字です。

「30分も並ばないといけないの」と文句を言うのは、楽しみ方が間違っているのです。

勇気のコトバ

41

「待ち時間が、楽しいこと」をしよう。

42 本番より、練習が面白い。

ディズニーランドは、並んでいる間が楽しいのです。

ジェットコースターのような絶叫マシンは、だんだん順番が近づいてくると、「キャーッ」が聞こえてきます。

そういうつくりになっているのです。

「並んでしまった」と、だんだんリアルに考えて緊張します。

「事故はないよね」と、そわそわします。

「事故があるようなものを国が認めていないはずだ」と自分の中で納得させます。

子どもが「キャーッ」と歓声を上げている横で、大人は過去のいろいろなことを考えます。

「万が一の時には」と、半ば遺書を書いているような気持ちでブツブツ言います。

アメリカの遊園地では、「何か急用を思いつかれた方はこちらへどうぞ」という通路があります。

怖くなって帰る人がみっともなくないようにできているのです。

通路があるからといっても、なかなか行けません。

アメリカ人は、楽しむことに対しては天才的です。

出口でパンツを売っています。

「パンツが必要な方はこちら」と書いてあるのです。

面白いから買っておこうかという気にさせてくれます。

混んでいる、すいているは関係ないのです。

座れないとか、どこから来たかも関係ないのです。

これが生きていくということです。

迷っている時は、今までやってきたことがムダになるのではないかという気がしてきます。

新しい、面白いことがあってもできないのです。
今までどうだったかにこだわりすぎると、次の楽しいことが手に入らないのです。

勇気のコトバ

42 本番より、練習が面白いことをする。

43 日常は、面白いことだらけだ。

ディズニーランドは、アトラクションよりも、一緒に並んでいる間に、いろいろな話をするのが楽しいのです。

ディズニーランドは、ジグザグに並ぶようになっています。

じっとしていると、長く感じるので、少しずつ進む仕掛けになっているのです。

私は、ディズニーランドの研修をするようになって、だんだん楽しみ方が変わってきました。

ディズニーシーには、リトルマーメイドの「アリエル」があります。

ホールで空中ブランコをするようなアトラクションです。

研修が終わったあと、「一緒に行きましょうか」と誘われて行ってきました。

ディズニーで働いている人も好きなアトラクションです。

私が見て面白かったのは、お客様の反応です。

講演でも、聴講者の皆さんを見ています。

1人1人のリアクションが違います。

何か言うたびに、受け取ったことを全部隣の連れの人に振っている人もいます。

それを見ているだけでも楽しいのです。

「アリエル」は、中心があって、席が円形に配置してあります。

始まる前や終わったあと、お客様はディズニーの世界に入っています。

ファンタジーの世界に浸りきっているところで、関西人でなければ出ないようなトークが聞こえるのです。

「ごっついなあ。こら奈良のドリームランドがつぶれるわけや」というツッコミに笑えます。

関西弁の独特のツッコミは、遠くからも聞こえます。

相撲を見ていても、野球場でも聞こえてきます。

関西人は、野球場で試合だけを見ているわけではないのです。
独特のヤジも楽しんでいます。
遊園地が混んでいると、待っている人の面白いことが見つかります。
まわりは面白いことだらけなのです。
電車で座れるか座れないかではなくなるのです。
満員電車も面白いし、行列ができれば、そこには必ず面白い人がいます。
面白いことは、1つ見つかると、次から次へと見つかるものなのです。
それを聞いているだけで面白いのです。
本質的ではないところを楽しめることが大切なのです。

勇気のコトバ

43 日常に、ドキドキしよう。

44
生まれ変わるのは、電車を乗りかえるということ。

「今度生まれ変わったら○○になりたい」と言う時の「生まれ変わる」は、電車を乗りかえるということです。

今まで乗ってきた電車を、ディズニーランド行きや京都行きに乗りかえるのと同じです。

大変なことではないのです。

やってみれば、なんでもないことです。

行きたいところに向かっている電車は、混んでいてもなんとも思いません。

野球場に向かう人、決まった行き先に向かう人、みんなの浮き浮きしている感じがそのまま伝わってきます。

ディズニーランドは京葉線の舞浜駅から行きます。

舞浜駅を降りたところで、もうディズニーの音楽が流れています。

右のほうへ、ゲートに向かって歩いていると、「ディズニーだ、ディズニーだ」という声とともに、不思議と早足になります。

自分だけではありません。

みんなが早足になるのです。

「あっ、ミッキーだ」という声が聞こえてきます。

ゲートのところで写真を撮っているのです。

「ミッキーだ」の声が聞こえると、子どもはさらにスピードを上げます。

あのスロープが私は大好きです。

駅前にすぐゲートがあるわけではないのです。

駅から離れたところにあって、ゲートまで歩いて行くようになっているのです。

モノレールで1駅分、10分くらいの道のりを歩きます。

通勤だったら、つらい道です。

ディズニーへの道は楽しいのです。

帰りは坂を上ります。

電車は高架を走っています。

これも私の好きな光景です。

上り坂だと、名残惜しい気持ちでいっぱいになります。

歩調がどうしてもゆっくりになります。

流れてくるメロディーを聞きながら、子どもがお父さんを見上げて一言、「また来れるよね」と言います。

お父さんも、じわっとなります。

こういう時の子どもは天使の顔です。

これが私の心の中で勝手につくったＣＭなのです。

勇気のコトバ

44 「いつもと違う電車」に乗ろう。

45 「あいにくの」という言葉には、次また来られる続きがある。

最近のディズニーランドには、シニアの人が働いています。

ロマンスグレーがなかなかいい感じです。

昔は若い人ばかりでした。

若い人は、「こんにちは」という独特なノリです。

私は、シニアのスタッフに「花火はどの辺で見ればいいですか」と聞きました。

ロマンスグレーのスタッフは、「個人的にいいと思っている花火を見る場所があるんです。お教えしましょう」と案内してくれました。

あまり人がいなくて、建物と建物が抜けた場所はたくさんあります。

それを見つけてまわるのが、また楽しいのです。

これはガイドブックには書いていません。

案内されて、「ありがとうございました」とお礼を言うと、スタッフの方は「今日は風が強いし、花火、どうかな。五分五分です。花火があればいいですね」と言っていました。

私は、パレードが終わってから、その場所に行って20分くらい花火が始まるのを待っていました。

少し寒いのをガマンして待っていると、「本日は……」というアナウンスが入りました。

「本日は」が、もうイヤなトーンです。

「あいにくの」と続きます。

「あいにくの」に、頭の中で一生懸命いい文章を続けてみます。

花火は風で中止になりました。

それでもいいのです。

「花火を見るために、また来れるね」と言うことができるのです。


 「あいにくの」という言葉には、次また来られる続きがある。

旅行したところがＴＶ番組で紹介されると、母親は「パパ、ここ行ったね。これ、食べた。ここも写真撮った」と話します。

中には「あっ、ここは行っていない」というところが出てきます。

行っていないところがあっていいのです。

また行けるということです。

京都に行ってもお寺が休みのこともあります。

まわれなかったところ、入れなかったところがあります。

入れなかったのは、そこにまた行けるということなのです。

勇気のコトバ

45

「全部やろう」としない。

46

「嫌いじゃない」ということをしない。

未来に続く電車には、失敗はないのです。
あるのは続きだけです。
未来行きの電車には成功も失敗もありません。
今回行ったらそれで終わりではないのです。
常に続きがあることが、今を楽しむことです。
今乗っているのは、好きなところへ行ける電車です。
嫌いな電車に乗っている人はいません。
ほとんどの人は、「嫌いじゃない」電車に乗っています。
この違いは大きいのです。

「今、仕事を変わろうと思うんですけど、今やっていることも嫌いではないんです」ということがほとんどです。

これが恋愛になると、つらくなります。

「彼のことも嫌いではないんですけどね」と言っているのと同じです。

一番罪つくりです。

嫌いじゃないことは早く乗りかえることです。

好きなことをやっていくのです。

嫌いじゃないことで一生を終わらないようにするのです。

嫌いじゃないことをガマンして続けていれば、好きでたまらなくなるということはないのです。

好きで続けている習いごとでも、うまくいかないことがあります。

うまくいかないことでも楽しいと思えることが大切なのです。

勇気のコトバ

46

「好きなこと」をしよう。

47

仕事を変えるのではない。生き方を変えるのだ。

自分は、探しても見つからないのです。

自分探しをしている人は、何もしていないのです。

探すのをやめて、動けばいいのです。

電車を乗りかえてみるのです。

今のところで見つからなかったら、嫌いじゃない電車に乗っているのです。

「何かわからないけど乗りかえてみよう」でいいのです。

この話を聞いて、「ああ、そうか。転職か」「中谷さんは離婚を勧めた」と言うのは早合点です。

転職でも離婚でもないのです。

生き方を変えるのです。

仕事ではなくて、仕事の仕方を変えるのです。

相手を変えるのではなく、相手とのつき合い方、恋愛の仕方を変えていくのです。

長続きしているご夫婦は、何年かごとに意識を変えています。

最初は好きで好きでたまらなかったのです。

綾小路きみまろさんの「あれから40年」のように、違う喜び、楽しみ方を見つけることで長続きしていくのです。

うまくいくかどうか、成功するかどうかではないのです。

面白いこと、好きなことを続けていくことです。

「嫌いじゃないこと」を早く卒業するのです。

「嫌いじゃないこと」を続けていてもハッピーにはなれません。

「嫌いじゃないこと」は、△です。

言われてもうれしくありません。

「僕は君のことを、嫌いじゃないよ」と言われるのと同じです。

それなら嫌いと言ってもらったほうがいいです。

「またそんなこと言って」というのも中途半端です。

「嫌いじゃない」という宙ぶらりんのところで人生をムダにすることが一番もったいないのです。

それなら好きなことをやったほうがいいのです。

自分のまわりに「好きなことをしていて死なないんだから、偉いもんだな。なんかやっていけてるな」という人が1人でもいると心強く感じます。

「あれでも生きている」ということが、まわりの人にいい影響を与えているのです。

はたから見ると勉強していないようでも、勉強しています。

「あの人は年がら年中ディズニーランドばかり行って何をしているんだろう」という人も、ディズニーランドで人の喜ばせ方を勉強して、サービスの専門家になっているのです。

勇気のコトバ

47 探すのをやめて、動こう。

48 苦手なことはない。苦手意識なのだ。

「私は海外旅行が好きなんですけど、英語が苦手です」と言う人が、英語が通じないことを嘆いていました。

マクドナルドで「ハンバーガー」と言ったら、「ソーリー、ウイ・ドント・ハブ」と言われてしまったのです。

マクドナルドでハンバーガーがなかったら、何を頼めばいいかわかりません。

税関では「目的は何ですか。何日間いるんですか。どこに泊まるんですか」と聞かれます。

聞かれることはこの3つだけです。

しどろもどろになると、挙動不審でグイグイ聞かれて、ますます焦ります。

これは「苦手なこと」ではありません。

苦手だと思っていることは、苦手意識にすぎないのです。

苦手なのか、苦手意識なのかを勘違いしているのです。

近所には、「あのオッチャン、苦手」という人がいます。

「あの上司は苦手」という人もいます。

上司にも、「あいつは苦手。なんか合わない」という部下がいます。

これはすべて苦手ではありません。

苦手意識です。

意識を変えれば、まったくの幻です。

自分が今まで苦手だと思っていたものは、言い方を変えればいいのです。

「あれは苦手」ではなくて、「苦手意識がある」と言った時点で勝ったも同然です。

犬を怖いと思っている人は、犬が苦手ではありません。

苦手意識が犬側にまわっているのです。

自分と意識と犬で1対2になっているのです。

意識を自分の味方につければいいのです。
意識に、「こっちにおいでよ」と言うと、2対1に逆転します。
苦手意識を持つと、意識は向こう側へまわるのです。
自分側に残るのは「現実」というマイナスです。
「私はモテない。だって、あの子はかわいいもん」というのが現実です。
現実を味方につけても仕方がないのです。

勇気のコトバ

48

苦手意識を、捨てよう。

49 過去に文句を言うと、今を否定することになる。

脳科学者の茂木健一郎さんが面白いことを書いておられました。

「私はモテないんです」という女性が、「お母さんは、なんでフランス人と結婚しなかったの」と言ったそうです。

「お母さんがフランス人と結婚していたら、私は今ごろハーフで、モデルをやってモテモテだった」と言うのです。

自分がモテないのは、お母さんがコテコテの日本人と結婚したからだと文句を言っているのです。

ハーフの子どもは、まるで動くお人形さんのようなかわいらしさです。

でも、もしお母さんがフランス人と結婚していたら自分は存在しないのです。

別の展開になっています。

これが人生です。

唯一変えられるのは自分の未来です。

「お母さんがフランス人だったら」というのは、過去に文句を言っています。

今まで乗ってきた電車に乗り続けている人は、常に後ろ向きです。

「家が貧乏だから」

「もっと美男美女の間に生まれていれば」

「子どもの時にピアノを習わせてくれていたら」

というのも、後ろ向きです。

「はしの持ち方が悪いのは親が教えてくれなかったから」と親に文句を言ったことがあります。

「気がついたら自分で直しや」の一言で終わりでした。

「母親がフランス人と結婚してくれていればハーフだったのに」という文句は、過去の否定です。

勇気のコトバ

49 過去に、文句を言わない。

過去に対して文句を言うと、今を否定することになります。

「よし、自分はフランス人と結婚して、お人形のようにかわいい子どもをつくろう」は未来志向です。

「そのためにフランス語を習いに行こう」「フランス人はどこにいるんだろう」という独特な工夫が始まるのです。

50 未来行きの電車に乗りかえた人に、迷いはない。

「とりあえずパリへ行こう。パリへ行けばフランス人だらけだ」と決めると、「パリでは自分が外国人だ」ということにも気づきます。

日本人は、外国に行けば外国人です。

外国人になるなら外国に行くことです。

意識の切りかえは、これだけのことです。

とてつもない努力・時間・お金・訓練はいらないのです。

未来行きの電車に乗りかえた人に迷いはありません。

ディズニーランド行きに乗って、ワクワクしながら「行ったらこうしよう。まず何から行く?」と話しています。

過去からの電車に乗っている人は、「これでいいのかな」と言い続けています。

「あそこで乗りかえておいたほうがよかったんじゃないか」と言うのです。

家族でドライブに行くと、地図は苦手とわかっている女性にナビを押しつけます。

今はカーナビがあります。

「カーナビを見ておいてよ。曲がるところで言ってね」とだんなさんに頼まれると、「さっきの角を曲がって」と言います。

ナビゲーターになっていないのです。

曲がる前で言うのがナビです。

「さっきの角」は、過去からの電車に乗っている言い方です。

「2つ目の角を左」という先の話をすることです。

「アーッ、さっきのところで曲がらないといけなかったのに」と言う人は、「もういいから、そこで寝ていて」と言われてしまうのです。

勇気のコトバ

50 迷いのある電車を降りよう。

51 動くのが、最も効率がいい。

過去からの電車に乗っている人は効率を考えています。
効率を考えていると、生きているのがつらくなります。
「好きなことをやっているのは、どうなんですか」と聞くのも効率を考えています。
効率ばかり考えることから意識を切りかえると、体も動きます。
行動するのです。
動くのが最も効率がいいのです。
じっとしているのが最も効率が悪いのです。
「並んでるよ。どうする」と言っているうちに列はどんどん長くなります。
とりあえず並んでから考えればいいのです。

「並んでみたら意外に早いよ」ということもあります。

「1時間」と書いてあったのが50分だとうれしくなります。

デリバリーで、「今混み合っていまして40分ぐらいお時間をいただけますか」「いいですよ」と言って30分で来たら、得した感じがします。

「どうする、どうする」と言い続けていないで行動したほうが、効率がいいのです。

今までの電車に乗り続けたままどうするかを考えるのは、省エネとはまったく逆の方向に進んでいます。

エネルギーのロスが多いのです。

生き方も省エネしていくことが大切なのです。

勇気のコトバ

51 効率を、考えない。

52 未来行きの電車に乗ると、ニコニコできる。

省エネには、迷いがないのです。

好きなことをしている人も、迷いがありません。

イヤじゃないことをしている人は、常に迷います。

1つ何かするたびに迷うのです。

「A定食とB定食のどっちが正しいですか。何を基準に決めればいいでしょう。それは私に向いていますか。あなたが決めてください」と言っていると疲れます。

消耗して、脳がどんどんヘトヘトになります。

いいアイデアが浮かばなくなって、面白くなくなります。

動いていると、省エネができて、「何かやってる。面白そうだからとりあえず並んでみよう」という行動に移せます。

並んでから「これは何に並んでいるんですか」と聞くのです。

聞かれた人も、「私もよくわからないんです。なんでしょうね」と言います。

道や遊園地で人垣ができていたら、誰でも首を伸ばして見ます。

見えていない人の顔は、「なんだろうね」と言いながら半笑いです。

やっていることは見えていないのに、勝手に何かを見ているのです。

あれが幸せなことです。

未来行きの電車に乗っています。

未来行きの電車に乗りかえた人は、みんなニコニコしています。

過去からの電車に乗っている人は、しかつめらしい顔をしています。

ちょっとでも当たろうものなら、ムッとしてにらみつけます。

しなくていいケンカをしてしまうのです。

場所全体が、ニコニコした空気をつくりにくい形になっているのです。

今駅で、それまで乗ってきた電車を乗りかえようかどうか迷ったら、「〇〇してみたい」「面白そう」でいいのです。

行き先が明確に決まらなくてもいいのです。

知らない町で、ラーメン屋さんが道を隔てて向かい合わせになっていたら、混んでいるほうへ並びます。

「あっちは混んでる。すいているほうがいい」と言う人はいません。

人が集まっているところには何かあるのです。

勇気のコトバ

52 うまくいかなくても、ニコニコできることをしよう。

53 迷わずに動いて、生を体験する。

盛り上がりのあるところでは、集まっている人同士がワクワク感を刺激し合います。

人間は、人からもらうエネルギーが多いのです。

「行こうかな。めんどくさいから家で寝ていようかな」と迷っていないで、行って生で感じることです。

お母さんには、ぜひお子さんにコンサートや催し物で生の体験をさせてあげてほしいのです。

子どもは、コンサートに行くと、CDで聞くのとは違う、生で聞く響きを感じ取ります。

突然、世界的な音楽家になることもあるのです。

生の体験を味わうことは大切です。

迷った時に、「ここで乗りかえる。それは意識で簡単にできる」ということを思い出せばいいのです。

今までやっていなかったやり方をやってみようと思うだけでいいのです。

勇気のコトバ

53

生で、体験しよう。

54 漢字が読めない料理を、注文しよう。

男性よりも、女性のほうが新しい料理を頼みます。

アイドルの女の子たちとごはんを食べに行くと、独特なノリがあります。

みんな一斉に好きなものを頼んで食べます。

料理が運ばれてきて、「ウニの○○をご注文の方」とウェイターさんに言われたのに、シーンとしていたことがありました。

「自分が頼んだものを忘れている」と思った私は、「とりあえず置いておいてください。私が食べます」と言いました。

「みんな、注文した料理は来たの」と聞くと、1人が「私のが来ていない」と言います。

「オーダーが通らなかったのかな。どれを頼んだの」ときくと、「『雲のなんとか』っていう料理」と言うのです。

「雲丹（ウニ）」が読めなくて注文していたのです。

雲の何かを想像して「素敵でしょう」というところが、女性の自由さです。

漢字が読めなくても頼んでしまうのです。

「シェフのお任せ」も、初対面なのに頼んでしまいます。

知っている人なら、好みをわかっているのでお任せにできます。

初対面の「お任せ」でも、どこか納得しているのです。

気まぐれでもお任せでもやってみようと思えるのです。

好きなことを、楽しいという意識でいると、楽しくなるものなのです。

勇気のコトバ

54

「わからないこと」をやろう。

55 お客様ではなく、アドバイザーになってもらおう。

私の『ホテル王になろう』を20代に読んでホテルを建てた人がいました。

ホテルは、地元の人がどれだけ来てくれるかです。

地元の人が行けば宣伝してくれます。

大勢の人の集まったところは、味方をつくるチャンスです。

どのくらいのことをしてくれるのかで支配人の器がわかります。

大勢の前で宣伝したら、ドリンク券のサービスでお茶を濁すわけにはいかなくなります。

ホテルに行く人は、お客様ではなくてアドバイザーです。

応援する親がわりとなって、「ここをもっとこうしないと。このサービスはなってない。トイレが汚れている」と言うのです。

大阪では「こういうのはダメ。どうしてくれる」というクレームはありません。

「あんたな、こんなことしてたら店つぶれるで」と言うのです。

お店側に立っているのです。

「これはなんとかしないと、お客様来なくなるよ」とみんなが言ってくれます。

未来は、ないとは言いきれないことがあるのです。

「成功するとは限らない」は、「成功しないとは限らない」ということでもあるのです。

これが一番大切なことなのです。

勇気のコトバ

55 お客様よりも、仲間を増やそう。

56 楽しいより、楽しく。面白いより、面白く。

「何か面白いことないですか」「楽しいことないですか」と言う人は、現実に引きずられて生きています。

自分を探しているのです。

自分探しは、つい間違ってしまうことがあります。

「面白い映画・本はないですか」「何か楽しいことはないですか」「おいしいところを紹介してください」というのは、何かを探しています。

探していると見つからないのです。

意識で乗りかえるのは簡単です。

英語の活用形と同じです。

「面白い」ではなくて「面白くする」です。
「楽しい」は「楽しく」、「おいしい」は「おいしく」です。
「い」を「く」に変えるのです。
おいしいものを探すのではなくて、おいしく食べるのです。
「どういう人がモテるんですか」と言う前に、どういう人と一緒にいたいかです。
なんでもおいしく食べてくれると、つくった側もうれしくなります。
私も料理をするのでわかります。
おいしく食べてくれる人は、「おいしいものはありますか」とは聞きません。
何が来ても「おいしい、おいしい」と言います。
何があっても面白がる力があるのです。
探している人は、面白がっていません。
「それ、面白いの?」と聞くだけです。
面白いかどうかわからなくても、面白くすることはできるのです。
それが自分の力です。

勝っていたら野村元監督のぼやき顔は見られません。

野村元監督のぼやき顔は、負けた試合でしか味わえない楽しみです。

面白く・楽しく・おいしくは、探すものではないのです。

何が来ようが「めっちゃおもろい」「めっちゃ楽しい」と思えるようにすればいいのです。


面白くできないものはありません。

楽しくできないものはないのです。


面白い話を聞きに行けなかった人に「ウワーッ、それは行きたかった」と言わせるのが、面白がり力です。

「イマイチだった」という話をすると、「行かなくてよかった」と言われます。

行かなくてよかったと思われると、行った自分は負けたような気持ちになります。

「今日の話を聞いていないのは痛いな。やっぱり生は違うな」というのが面白がり方の一つです。

あまりハードルを上げると、次に話を聞きに来た人が、「言うほどのこともなかった」となります。

「まあ面白かった」でいいのです。

ラーメン屋さんでも、よかれと思って「おいしい」と言うと、ハードルを上げることになります。

勧め方にもコツがあるのです。

「ちょっとヘンなところがあるんだ」と言うと、どこがヘンなのだろうと思って足を運んだ人が、「意外においしい」と感じます。

今駅では、新しい出会いが生まれます。

新しい電車で一緒に未来をつくっていくことが大切なのです。

勇気のコトバ

56

「おいしい」より、おいしく食べよう。

第３章

ガマンから、解放されよう。

57 「勉強」は飽きない。「見物」は飽きる。

中谷塾は、塾生もどんどん成長しています。

ここで先頭集団と後ろの集団との意識の差が大きく開いてしまっています。

「勉強」に来ているか、「見学」という名の「見物」に来ているかです。

勉強に来ていると、面白いし、成長するし、生まれ変わります。

これが最終的には自分のブランドになります。

見物をしているだけでは、ただ時間が過ぎるだけなので、後退していきます。

差がついてくるから、面白くありません。

ここで、言いわけ・グチ・悪口・文句を言い始めます。

いいことは一つもないのです。

1年前よりは、授業の密度が圧倒的に上がっています。
私が進化しているというよりは、みんなが成長しているのです。

勇気のコトバ

57

「見物」より、「参加」しよう。

58 人の荷物を持ってあげられる人は、自分の居場所が見つかる。

見物をしている人は、自分の居場所が見つからなくなります。
これは心地の悪いことです。
勉強していると、自分の居場所が見つかります。
自分の居場所のことを「自分ブランド」と呼びます。
自分の居場所は、持っている荷物で決まります。
自分は何の荷物を持ってあげる係なのかということです。
自分の荷物だけではなく、みんなの荷物を持ってあげるのです。
持ってあげる荷物の種類が、その人のブランドです。
勉強していないと、自分が何を持つべきかが見えてきません。

見物の人は、自分の荷物をなんとか他人に持ってもらおうとします。

そういう人は、言いわけ・グチ・文句・悪口が多くなります。

不思議なことに、荷物を持ってもらっている人に対して、持たせている側が文句を言うのです。

逆はありません。

勉強している人が見物の人に文句を言うことはないのです。

勉強している人は優しいです。

見物をしている人は、「あの人はまだダメだ」「○○さんはどこがダメ」という形で、勉強している人を評論し、批判します。

だから、前に進めません。

気づきがないし、自分自身の成長もないのです。

これが人に荷物を持ってもらっている状態です。

勉強している人は自分自身の成長があります。

たとえば、飲み会をやる時に、幹事をやったことのない人は、「もっと家の近くでやってくれ」「高くない?」「店がいまいち」「食べ物がまずい」と、幹事さんに文句を言います。

それなら自分がやればいいのです。

幹事をやったことのある人間は、幹事の人に対して協力的になります。

これが荷物を自分で持つことの大切さです。

自分ブランドをつくることは、人の荷物を持ってあげられるようになることなのです。

勇気のコトバ

58 人の荷物を、持ってあげよう。

59 自分は所有物では、定義できない。

彼女がいなくてもカッコいい人がいます。

彼女がたくさんいるのにカッコ悪い人も、いっぱいいます。

それと同じです。


所有物では自分ブランドはできません。


「○○を持っているから、私はこんな人間だ」とは言えないのです。

「いい女とつき合っているからモテる人」ということもありません。

モテようと思っている人にとっては、彼女は所有物です。

「彼女がいないのに、モテる意識は持てない」「お金がないのに、お金持ちの気持ちにはなれない」と言う人は、所有物に頼っているのです。

「あなたはどういう人ですか」と聞いて、「クルマはマイバッハに乗っています」と言われても、その人がどういう人かはわかりません。

少なくとも、一番にそれを挙げるチープな人であることはわかります。

「○○さんと仲よし」という友達自慢も、友達を所有物にしています。

私もけっこう勝手に使われています。

「中谷さんのこと、よく知っていると言っていましたよ」と言われますが、「エッ、誰？」と思います。

「いつか○○を持てるような人間になりたい」というのは、目標設定としては間違いです。

何かを持ったとしても、その人の定義は決まらないのです。

勇気のコトバ

59

持ち物で、自分を定義しない。

60 本当に大切なモノは、目に見えない。

真に独自の技術は、所有物ではなく、見えないものの中にあります。

ダンスを習う時に、ステップは見えますが、その中で何をやっているのかは見えません。

マネができないのです。

習いごとは、究極、マネのできないことを教わっています。

中谷塾では見えない意識を学んでいます。

これはマネしようと思ってもマネできません。

表面上は中谷本のマネをした本はたくさんあります。

真の技術は見えないものの中にあります。

マネしようとすればするほど、おかしくなります。

本当は、見えない意識の部分をマネしなければいけないのに、外側だけをマネしようとするのです。

それで「マネできた」と思っているところがズレています。

塾は、目に見えるものを習いに来るところでは、決してないのです。

勇気のコトバ

60

見えないものを、習おう。

61 ないモノに、目を向けない。

自分ブランドで大切なのは、ないモノに目を向けないことです。

「○○君ってどんな人？」と聞かれて、「彼女のいない人」「ココ一番でビビる人」「回転寿司で彼女が高いお皿を取ったら、ちょっとムッとする人」というのは、ないモノで彼を語っています。

ないモノを見ても仕方がないのです。

「仕事でなかなかうまくいかないのは○○がないせいだ」と言うのはおかしいです。

「自分がモテないのはお金がないからだ」というのも違います。

お金がないからモテないのではありません。

お金がないのにモテている人は、たくさんいます。

勇気のコトバ

61
ないモノより、あるモノを見よう。

人間の定義は、持っているモノでも持っていないモノでも決まりません。

「でも、○○がないじゃないですか」というのは、事実の奴隷になっています。

これはないモノに目を向けています。

「○○を持っているからハッピー」「○○を持っていないからアンハッピー」というのは、間違った定義なのです。

62 ワンパターンになる人は、人に答えを求める。

私は、勉強の意識をみんなに与えています。

勉強の面白いところは、答えを自分で見つけることです。

見物サイドの人は答えを人に聞きます。

「ワンパターンを抜け出したほうがいいよ」とアドバイスをしたら、「ワンパターンを抜け出すにはどうしたらいいんですか」と言うのです。

これはおかしいです。

人に聞くのをやめることが、ワンパターンを抜け出すコツです。

人に聞いたら、ワンパターンになります。

なんでも人に聞く人は、イニシアチブを放棄しています。

答えを自分で見つけることが、イニシアチブを自分で持つということなのです。
人を評価している人は、上から目線です。
上から目線では居場所は見つからなくなります。
居場所が見つからないと、居心地が悪くなるのです。

勇気のコトバ

62

人に答えを求めない。

63 嫌いなものを、面白がる力を持つ。

大切なのは、「面白がる」ことです。

知っているか知らないかではありません。

ここで「国語は好きだけど、英語は嫌い」となると、結局、面白がれないのです。

私は「好き嫌いは大切にしなさい」と教えました。

もう1つ大切なのは、嫌いなものを面白がる力を持つことです。

そうしないと、嫌いなものが出てきた時に、お休みになって、急に見学になるのです。

中谷塾でも「ご自由に見学してください」と書いてあります。

でも、10分ぐらい見たからどうというものではないのです。

10分ぐらい見て、そのまま帰った人がいました。

これでは何もわかりません。

ダンスも、見学に来たあとに習いに来る人はいないのです。

まず体験してしまえばいいのです。

見ているだけではつまらないので、そのつまらなさをまわりにぶつけるようになります。

人生そのものの楽しみ方がそうなってしまうのです。

勇気のコトバ

63 面白がろう。

64 フルアウトしたことが、楽しくなる。

自分がどんな荷物を持つかは、自分で勝手に決めていいのです。
それで居場所が見つかります。
居場所は「フルアウトしたもの」で見つかります。
「フルアウト」は、「出し切る」「疲れ切る」という意味です。
自分がフルアウトしたことは、いったい何かということです。
フルアウトしていないものもたくさんあるのです。

要するに、ヘトヘトに疲れ切った体験です。
中谷塾は、フルアウトしています。

ヘトヘトになるのが正解です。

帰りに電車を乗り過ごしたりします。

フルアウトは充電池を使い切る状態です。

使い切らないと、充電池の寿命は短くなります。

フルアウトしていることは、やっぱりその人が持つべき荷物でやっています。

何でフルアウトしているかを考えれば、自分が持つべき荷物がわかります。

自分で決めるというよりは、何でフルアウトしているかに気づけばいいのです。

それは、時間の長さではなく、そこにいかに集中できたかということなのです。

勇気のコトバ 64

ヘトヘトになるまでやろう。

65 「悪い中毒」より「いい中毒」を持とう。

中毒自体は、悪いことではありません。
いい中毒も悪い中毒もあります。
中毒できるぐらいのほうがいいのです。
中毒になっている人は、そもそも自覚がありません。
「普通のことしかやっていません」と言っています。
自覚しているうちは、まだ中毒ではないのです。
いい中毒は正のスパイラル、悪い中毒は負のスパイラルに入ります。
正のスパイラルも負のスパイラルも、どちらも快感になります。
だから、ヤバいのです。

タバコを吸っている人は、タバコを吸うことが快感です。
吸わない人にとっては、タバコを吸うことは不快感です。
タバコを吸う人にとっては、タバコをガマンすることが不快感です。
自分で中毒を意識していないと、負のスパイラルに入っていく危険性があります。
大切なのは、負のスパイラルから正のスパイラルへ切りかえることです。
見物に来ている人は、自分が見物していることに気づいていません。
結果として、自覚症状がないと、最終的に自分がしんどくなるのです。
「心の糖尿病」という話があります。
恋愛において、気持ちの乱高下が激しいのです。
前盛り上がりが強くて、気持ちが下がっているところで本番を迎えてしまいます。
出遅れたと思って、グッと上げて、またギューンと下がってうつになるのです。
負のサイクルを正のサイクルにどう切りかえるかです。
そのキッカケをつくりたいのです。
負の中でグルグルまわり続けると、頑張れば頑張るほど負になっていきます。

努力が足りないのではありません。
乗っている電車が違うのです。
自分が何の荷物を持つかということは、合意が必要です。
頼まれていない荷物を取ってはいけません。
聞かれたら教えてあげます。
聞かれてもいないのに教えるのは、合意がありません。
荷物の引っ張り合いになるだけなのです。

勇気のコトバ

65

イヤなことは、イヤになろう。

66 ガマンしているのを忘れた時、生まれ変わる。

ガマンを一網打尽にする方法があります。

ガマンしているうちはダメです。

カメラマンの奈良さんが「奥さんのケータイを見たいのに、ガマンしている」と言っていました。

「かみさんは僕のケータイなんか見たくないと言うんですよ。かみさんはガマンしていないと思うんだよね。自分はこんなにガマンしているのに」と言うのです。

ガマンしている時点で、むしろやっているのです。

ガマンしていることと悪い中毒はリンクしています。

意識を変えることで、ガマンを感じなくなります。

ガマンで悪い中毒を直してはいけません。

意識が自分のブランドです。

私は差し入れのソフトクリームは断ります。

残せないからです。

ガマンして食べないのではありません。

ガマンしてやっている時点で、まだ体は変わっていないのです。

1つは知識もあります。

お好み焼を食べに行って、おいしいから追加でもう1枚頼むかどうか迷います。

「20分後には血糖値がここまで上がる。そのころには満腹感が出ているから、でき上がった時には食べたくなくなるぞ」とわかっていれば、頼まないのです。

意識の中に、知識がキッカケになることもあります。

お金を意識していたら、健康にまで意識がまわりません。

糖分の心配をするより、もっと発展途上です。

頭の中で、常に「お金」というテーマが出てきます。

「女性を喜ばせるために、おいしいものを食べに連れて行きたい」と言うのは、「おいしいもの」イコール「高いもの」という意識があります。
ムリしながら連れて行かれてもうれしくないのです。

勇気のコトバ

66 ガマンを忘れることをしよう。

67

意識は、時空の制約を受けない。

意識はレベルアップします。

今持たなかったら、10年後もないのです。

変わろうと思ったら、今、変わります。

10年後までかかりません。

意識は時空の制約を受けないのです。

「モテないように頑張っているのに、またモテちゃった。もう余っているんだけど、むげにも断れないしね」ということもあります。

それが意識です。

3人でやっている会社がいつか大会社になっても、今も将来も同じサービスができ

ることが大切です。

大企業としてのサービスが、今できているかどうかです。

「今はできないけど、いつかはちゃんとしたサービスをやる」というつき合い方の人には、頼みたくありません。

「売れっ子になったらやる」ではなく、今からシステムを変えていきます。

教えたがりのおせっかいを直したいと思ったら、「教えたい」と思う気持ちをガマンしているようではダメなのです。

勇気のコトバ

67

意識で、ハンデを乗り越えよう。

68 意識を持っていったところに、体が動いていく。

自分が「たいしたことない」と思っていることは、他人が見たらすごいことです。
自分が「すごい」と思っていることは、他人から見たらたいしたことないのです。
逆なのです。
これが自分ブランドの認識のむずかしいところです。
自分では「当たり前」と思っていることが、実はすごいことです。
すごいから「たいしたことない」と思えるのです。
「自分はこれがすごい」と思うのは、レベルが低いからです。
結局は、自分の意識をどこへ持っていくかです。
「こんなふうになりたい」「こんな人になりたい」というのは、意識の1つの具体的な持っていき方です。
キャリアターゲット、メンター、師匠を持つということです。
意識を持っていったところへ体が動いて行きます。
意識は常に先に持っていきます。
枝葉末節のテクニックの議論ではありません。
「意識」という見えないものが、自分ブランドをつくり上げていくのです。

勇気のコトバ

68
体の前に、意識を動かそう。

69

ガマンするだけで、満足しない。

意識していることは、必ずバレます。

女性にプレゼントする時に「高いな」と思いながら買ったら、結局「高いな」という気持ちだけが残ります。

それなら買ってもらわないほうがマシです。

「いいよ。大丈夫」と言われても、ガマンしてされることはイヤです。

ガマンはどこかで反転します。

「僕は君のケータイを見るのをガマンしているのに」というヘンな正義感になって、間違った方向へ行くのです。

ガマンやムリをしないためには、意識だけを目標点へ先に持っていきます。

意識を残したままだったり、後ろへついていくのは、現状の奴隷になっています。
「ガマン」イコール「努力」という勘違いは危ないです。
それは悪い中毒です。
ガマンはけっこう満足を生み出します。
ガマンするだけで満足してはいけないのです。

勇気のコトバ

69

ガマンしている自分に酔わない。

エピローグ

70 なりたい自分になれなかったら、カットをかける。

演じる時に大切なのは、「演じ切る」ということです。

もとの自分がチラチラ見えてはいけません。

演じ切れなかったら、カットを入れます。

少しでもビビっている感じが出たら、カットしてテークツーを撮り直します。

「芝居し切る」というのは、「なりきる」ということです。

「芝居している」という意識があるうちは、「ほら、いい芝居だったろう」となって、演じ切れなくなります。

演じている中でふつふつと湧いてくるものがあると、演技を忘れるのです。

「ガマンしている」「ムリしてやっている」というのが見えなくなった時に、勇気がわいてくるのです。

映画に感動しても、「しょせん、ドラマだから。現実は、そうはうまくいかない」と言う人がいます。

人生は、フィクションです。

神様が作った物語です。

神様が作った物語の中で、私たちは演じているのです。

ピンチは、主役にしか訪れません。

もし、あなたにピンチが訪れたとしたら、あなたが神様のドラマの主役に抜擢されたのです。

勇気のコトバ 70

なりたい自分が、するようにしよう。

中谷彰宏の主な作品一覧

〈ビジネス〉

【ダイヤモンド社】

『なぜあの人の話に納得してしまうのか［新版］』
『なぜあの人は勉強が続くのか』
『なぜあの人は仕事ができるのか』
『なぜあの人は整理がうまいのか』
『なぜあの人はいつもやる気があるのか』
『なぜあのリーダーに人はついていくのか』
『なぜあの人は人前で話すのがうまいのか』
『プラス1％の企画力』
『こんな上司に叱られたい。』
『フォローの達人』
『女性に尊敬されるリーダーが、成功する。』
『就活時代しなければならない50のこと』
『お客様を育てるサービス』
『あの人の下なら、「やる気」が出る。』
『なくてはならない人になる』
『人のために何ができるか』
『キャパのある人が、成功する。』
『時間をプレゼントする人が、成功する。』
『会議をなくせば、速くなる。』
『ターニングポイントに立つ君に』
『空気を読める人が、成功する。』
『整理力を高める50の方法』
『迷いを断ち切る50の方法』
『初対面で好かれる60の話し方』
『運が開ける接客術』
『バランス力のある人が、成功する。』
『映画力のある人が、成功する。』
『逆転力を高める50の方法』
『40代でしなければならない50のこと』
『最初の3年その他大勢から抜け出す50の方法』
『ドタン場に強くなる50の方法』
『いい質問は、人を動かす。』
『アイデアが止まらなくなる50の方法』
『メンタル力で逆転する50の方法』
『君はこのままでは終わらない』
『30歳までに成功する50の方法』
『なぜあの人はお金持ちになるのか』
『成功する人の話し方』
『超高速右脳読書法』
『なぜあの人は壁を突破できるのか』
『自分力を高めるヒント』
『なぜあの人はストレスに強いのか』
『なぜあの人は落ち込まないのか』
『なぜあの人は仕事が速いのか』
『スピード問題解決』
『スピード危機管理』
『スピード決断術』
『スピード情報術』
『スピード顧客満足』
『一流の勉強術』
『スピード意識改革』
『アメリカ人にはできない技術　日本人だからできる技術』
『お客様のファンになろう』
『成功するためにしなければならない80のこと』
『大人のスピード時間術』
『成功の方程式』
『なぜあの人は問題解決がうまいのか』
『しびれる仕事をしよう』
『「アホ」になれる人が成功する』
『しびれるサービス』
『ネットで勝つ』
『大人のスピード説得術』
『お客様に学ぶサービス勉強法』
『eに賭ける』
『大人のスピード仕事術』
『スピード人脈術』

『スピードサービス』
『スピード成功の方程式』
『スピードリーダーシップ』
『大人のスピード勉強法』
『一日に24時間もあるじゃないか』
『もう「できません」とは言わない』
『出会いにひとつのムダもない』
『お客様がお客様を連れて来る』
『お客様にしなければならない50のこと』
『30代でしなければならない50のこと』
『20代でしなければならない50のこと』
『なぜあの人の話に納得してしまうのか』
『なぜあの人は気がきくのか』
『なぜあの人は困った人とつきあえるのか』
『なぜあの人はお客さんに好かれるのか』
『なぜあの人はいつも元気なのか』
『なぜあの人は時間を創り出せるのか』
『なぜあの人は運が強いのか』
『なぜあの人にまた会いたくなるのか』
『なぜあの人はプレッシャーに強いのか』

【ファーストプレス】
『「超一流」の会話術』
『「超一流」の分析力』
『「超一流」の構想術』
『「超一流」の整理術』
『「超一流」の時間術』
『「超一流」の行動術』
『「超一流」の勉強法』
『「超一流」の仕事術』

【PHP研究所】
『30代にやっておいてよかったこと』
『もう一度会いたくなる人の話し方』
『【図解】仕事ができる人の時間の使い方』
『仕事の極め方』
『【図解】「できる人」のスピード整理術』
『【図解】「できる人」の時間活用ノート』

【PHP文庫】
『中谷彰宏　仕事を熱くする言葉』
『スピード整理術』
『入社3年目までに勝負がつく77の法則』

【三笠書房】
『自分の壁を破る66の言葉』
『[最強版]あなたのお客さんになりたい！』

【三笠書房・知的生きかた文庫／王様文庫】
『お金で苦労する人しない人』

【オータパブリケイションズ】
『せつないサービスを、胸きゅんサービスに変える』
『ホテルのとんがりマーケティング』
『レストラン王になろう2』
『改革王になろう』
『サービス王になろう2』
『サービス刑事』

【ビジネス社】
『あなたを成功に導く「表情力」』
『幸せな大金持ち　不幸せな小金持ち』
『右脳でオンリーワンになる50の方法』
『技術の鉄人　現場の達人』
『情報王』
『昨日と違う自分になる「学習力」』

『「反射力」早く失敗してうまくいく人の習慣』（日本経済新聞出版社）
『大きな差がつく小さなお金』（日本文芸社）
『35歳までにやめる60のこと』（成美堂出版）
『人生を変える　自分ブランド塾』（成美堂出版）
『伝説のホストに学ぶ82の成功法則』（総合法

令出版）
『富裕層ビジネス　成功の秘訣』（ぜんにち出版）
『リーダーの条件』（ぜんにち出版）
『成功する人の一見、運に見える小さな工夫』（ゴマブックス）
『転職先はわたしの会社』（サンクチュアリ出版）
マンガ版『ここまでは誰でもやる』（たちばな出版）
『人を動かすコトバ』（実業之日本社）
『あと「ひとこと」の英会話』（ＤＨＣ）
『オンリーワンになる仕事術』（ＫＫベストセラーズ）
『子どもの一生を決める46の言葉のプレゼント』（リヨン社）

〈恋愛論・人生論〉

【中谷彰宏事務所】
『リーダーの星』
『楽しい人生より、人生の楽しみ方を見つけよう。』
『運命の人は、一人の時に現れる。』
『ヒラメキを、即、行動に移そう。』
『徹底的に愛するから、一生続く。』
『断られた人が、夢を実現する。』
『「あげまん」になる36の方法』

【ダイヤモンド社】
『なぜあの人は逆境に強いのか』
『25歳までにしなければならない59のこと』
『大人のマナー』
『あなたが「あなた」を超えるとき』
『中谷彰宏金言集』
『「キレない力」を作る50の方法』
『お金は、後からついてくる。』
『中谷彰宏名言集』
『30代で出会わなければならない50人』
『20代で出会わなければならない50人』
『あせらず、止まらず、退かず。』
『「人間力」で、運が開ける。』
『明日がワクワクする50の方法』
『なぜあの人は10歳若く見えるのか』
『テンションを上げる45の方法』
『成功体質になる50の方法』
『運のいい人に好かれる50の方法』
『本番力を高める57の方法』
『運が開ける勉強法』
『ラスト3分に強くなる50の方法』
『できる人ほど、よく眠る。』
『答えは、自分の中にある。』
『思い出した夢は、実現する。』
『習い事で生まれ変わる42の方法』
『30代で差がつく50の勉強法』
『面白くなければカッコよくない』
『たった一言で生まれ変わる』
『なぜあの人は集中力があるのか』
『健康になる家　病気になる家』
『泥棒がねらう家　泥棒が避ける家』
『スピード自己実現』
『スピード開運術』
『破壊から始めよう』
『失敗を楽しもう』
『20代自分らしく生きる45の方法』
『受験の達人２０００』
『お金は使えば使うほど増える』
『本当の自分に出会える101の言葉』
『大人になる前にしなければならない50のこと』
『会社で教えてくれない50のこと』
『学校で教えてくれない50のこと』
『大学時代しなければならない50のこと』
『昨日までの自分に別れを告げる』
『人生は成功するようにできている』

『あなたに起こることはすべて正しい』
【PHP研究所】
『高校受験すぐにできる40のこと』
『お金持ちは、払う時に「ありがとう」と言う。』
『20代にやっておいてよかったこと』
『ほんのささいなことに、恋の幸せがある。』
『高校時代にしておく50のこと』
『中学時代にしておく50のこと』
『お金持ちは、お札の向きがそろっている。』
『明日いいことが起こる夜の習慣』
【PHP文庫】
『お金持ちは、お札の向きがそろっている。』
『たった3分で愛される人になる』
『自分で考える人が成功する』
『大人の友達を作ろう。』
『大学時代しなければならない50のこと』
『なぜ彼女にオーラを感じるのか』
【三笠書房・知的生きかた文庫／王様文庫】
『たった60分でその後の人生が変わる本』
『読むだけで気持ちが楽になる88のヒント』

【説話社】
『あなたにはツキがある』
『占いで運命を変えることができる』
【大和書房】
『結果がついてくる人の法則58』
【だいわ文庫】
『やさしいだけの男と、別れよう。』
『「女を楽しませる」ことが男の最高の仕事。』
『いい女練習帳』
『男は女で修行する。』
【学研パブリッシング】
『強引に、優しく。』
『品があって、セクシー。』
『キスは、女からするもの。』
【KKベストセラーズ】
『会話の達人』
『誰も教えてくれなかった大人のルール恋愛編』
『一流の遊び人が成功する』
【阪急コミュニケーションズ】

『いい男をつかまえる恋愛会話力』
『サクセス&ハッピーになる50の方法』
【あさ出版】
『「つらいな」と思ったとき読む本』
『なぜあの人は会話がつづくのか』
『だからあの人に運が味方する。』（世界文化社）
『だからあの人に運が味方する。（講義ＤＶＤ付き）』（世界文化社）
『なぜあの人は強いのか』（講談社＋α文庫）
『占いを活かせる人、ムダにする人』（講談社）
『贅沢なキスをしよう。』（文芸社文庫）
『3分で幸せになる「小さな魔法」』（マキノ出版）
『大人になってからもう一度受けたい コミュニケーションの授業』（アクセス・パブリッシング）
『運とチャンスは「アウェイ」にある』（ファーストプレス）
『「出る杭」な君の活かしかた』（明日香出版社）
『目力の鍛え方』（ソーテック社）

『お掃除デトックス』（ビジネス社）
『大人の教科書』（きこ書房）
『モテるオヤジの作法2』（ぜんにち出版）
『かわいげのある女』（ぜんにち出版）
『恋愛天使』（メディエイション・飛鳥新社）
『魔法使いが教えてくれる結婚する人に贈る言葉』（グラフ社）
『魔法使いが教えてくれる愛されるメール』（グラフ社）
『壁に当たるのは気モチイイ　人生もエッチも』（サンクチュアリ出版）
『ハートフルセックス』【新書】（KKロングセラーズ）
『キスに始まり、キスに終わる。』（KKロングセラーズ）
『遊び上手が成功する』（廣済堂文庫）
『元気な心と体で成功を呼びこむ』（廣済堂文庫）
『成功する人しない人』（廣済堂文庫）
書画集『会う人みんな神さま』（DHC）
ポストカード『会う人みんな神さま』（DHC）
『「お金と才能」がない人ほど、成功する52の方法』（リヨン社）
『「お金持ち」の時間術』（リヨン社）
『ツキを呼ぶ53の方法』（リヨン社）

〈面接の達人〉（ダイヤモンド社）

『面接の達人　バイブル版』
『面接の達人　面接・エントリーシート問題集編』

本作品は当文庫のための書き下ろしです。

※本の感想など、どんなことでも、お手紙を楽しみにしています。
他の人に読まれることはありません。**僕は、本気で読みます。**

中谷彰宏

〒160-0022　東京都新宿区新宿1－10－1
株式会社文芸社　文芸社文庫編集部気付　中谷彰宏　行

＊食品、現金、切手等の同封は、ご遠慮ください。（文庫編集部）

【中谷彰宏　ホームページ】http://www.an-web.com/
【モバイル】http://www.an-web.com/mobile/

QRコードの読み取りに対応したカメラ付き携帯電話で、QRコードを読み取ると、中谷彰宏ホームページのモバイル版にアクセスできます。対応機種・操作方法は取り扱い説明書をご覧ください。

このQRコードを読み取ると、中谷彰宏の著作が読める「モバイル中谷塾」にアクセスできます。

中谷彰宏氏は、盲導犬育成事業に賛同し、この本の印税の一部を㈶日本盲導犬協会に寄付しています。

視覚障害その他の理由で活字のままでこの本を利用できない人のために、営利を目的とする場合を除き「録音図書」「点字図書」「拡大写本」等の製作をすることを認めます。その際は著作権者、または、出版社までご連絡ください。

文芸社文庫

全力で、1ミリ進もう。
勇気がわいてくる70のコトバ

二〇一二年二月十五日　初版第一刷発行

著　者　中谷彰宏
発行者　瓜谷綱延
発行所　株式会社　文芸社
〒一六〇－〇〇二二
東京都新宿区新宿一－一〇－一
電話　〇三－五三六九－三〇六〇（編集）
〇三－五三六九－二二九九（販売）

印刷所　図書印刷株式会社
装幀者　三村淳

ISBN978-4-286-12013-3

［文芸社文庫　既刊本］

贅沢なキスをしよう。
中谷彰宏

「快感で生まれ変われる」具体例。節約型のエッチではなく、幸福な人と、エッチしよう。心を開くだけで、感じるような、ヒントが満載の必携書。

定年と読書
鷲田小彌太

読書の本当の効用を説き、知的エネルギーに溢れた生き方をすすめる、画期的な読書術。本を読む人はいい顔の持ち主。本を読まないと老化する。

心の掃除で病気は治る
帯津良一

帯津流「いのち」の力の引き出し方をわかりやすく解説。病気の方はもちろん、不調を感じている方、「健康」や「死」の本質を知りたい方にお勧め！

戦争と平和
吉本隆明

「戦争は阻止できるのか」戦争と平和を論じた表題作ほか、「近代文学の宿命」「吉本隆明の日常」等、危機の時代にむけて、知の巨人が提言する。

自壊する中国
宮崎正広

チュニジア、エジプト、リビアとネット革命の嵐が、中国をも覆うのか？ ネットによる民主化ドミノをはねのけるべく、中国が仕掛ける恐るべき策動。

[文芸社文庫　既刊本]

トンデモ日本史の真相　史跡お宝編
原田　実
日本史上の奇説・珍説・異端とされる説を徹底検証！　文庫化にあたり、お江をめぐる奇説を含む2項目を追加。墨俣一夜城／ペトログラフ、他

トンデモ日本史の真相　人物伝承編
原田　実
日本史上でまことしやかに語られてきた奇説・珍説・伝承等を徹底検証！　文庫化にあたり、「福澤諭吉は侵略主義者だった？」を追加（解説・芦辺拓）。

戦国の世を生きた七人の女
由良弥生
「お家」のために犠牲となり、人質や政治上の駆け引きの道具にされた乱世の妻妾。悲しみに耐え、懸命に生き抜いた「江姫」らの姿を描く。

江戸暗殺史
森川哲郎
徳川家康の毒殺多用説から、坂本竜馬暗殺事件の謎まで、権力争いによる謀略、暗殺事件の数々。闇へと葬り去られた歴史の真相に迫る。

幕府検死官　玄庵　血闘
加野厚志
慈姑頭に仕込杖、無外流抜刀術の遣い手は、人を救う蘭医にして人斬り。南町奉行所付の「検死官」が、連続女殺しの下手人を追い、お江戸を走る！

[文芸社文庫　既刊本]

火の姫　茶々と信長
秋山香乃

兄・織田信長の命をうけ、浅井長政に嫁いだ於市は於茶々、於初、於江をもうけるが、やがて信長に滅ぼされる。於茶々たち親娘の命運は――？

火の姫　茶々と秀吉
秋山香乃

本能寺の変後、信長の家臣の羽柴秀吉が後継者となり、天下人となった。於市の死後、ひとり残された於茶々は、秀吉の側室に。後の淀殿であった。

火の姫　茶々と家康
秋山香乃

太閤死して、ひとり巨魁・徳川家康と対決する於茶々。母として女として政治家として、豊臣家を守り、火焔の大坂城で奮迅の戦いをつらぬく！

それからの三国志　上　烈風の巻
内田重久

稀代の軍師・孔明が五丈原で没したあと、三国志は新たなステージへ突入する。三国統一までのその後のヒーローたちを描いた感動の歴史大河！

それからの三国志　下　陽炎の巻
内田重久

孔明の遺志を継ぐ蜀の姜維と、魏を掌握する司馬一族の死闘の結末は？　覇権を握り三国を統一するのは誰なのか⁉　ファン必読の三国志完結編！